活出魅力
談老人人權
ELDER RIGHTS

人權是一種思想，思想可以化為力量。這種力量可以形成動力來實踐社會的基本期望。透過完善的制度，達到人與人之間的相互尊重，包容不同的文化、理念與信仰。在多元化的社會中尊重人權的基本價值，才可昇華生命的品質。

景鈺雲 著

ELDER RIGHTS

〈推薦序一〉

簡　序

　　台灣自1992年已邁入聯合國定義之高齡化社會，根據統計，台灣65歲以上的老年人口已經高達10.6%，將近250萬人，也就是說台灣每十人當中即有一位老年人，老年人口以飛快的比率成長，老化速度僅次於日本為全球第

二。再根據工研院統計，台灣到2017年時，老年人口比例將達到14%，2025年老人比率更可能高達20.1%，每四個人當中可能就有一個是老人，台灣人口老化速度超乎想像。

　　台灣已瀕臨「老年化社會」的邊緣，人口結構的失衡衝擊競爭力，有限的社會資源分配越顯重要，馬總統甚至已將此問題定位為國安問題，多次召集跨部會研究。

　　景鈺雲女士旅美多年，長期關注老人福利問題，她所著的《活出魅力‧談老人人權》一書有如雪中送炭，鞭辟入裡解析當今台灣社會遇到的高齡化問題，並以美國成功的老人社區服務中心案例，試圖為台灣的高齡化問題提出

解決之道，值得為政者、社會工作者等大眾參考、借鑑。

　　我期望這本著作能成為老年化社會問題的一盞明燈，有朝一日能讓台灣社會的老者，皆能怡然自得，安享餘年，則善莫大焉。而《禮運‧大同篇》所揭櫫「老有所終，壯有所用，幼有所長，鰥、寡、孤、獨、廢疾者皆有所養。」的理想，更是我們應致力追求的。

簡漢生

華僑救國聯合總會理事長

立法院最高顧問

〈推薦序二〉

林　序

　　老人和兒童都需要特別照顧。兒童尚未習得適應社會的能力，老人則逐漸喪失這種能力。一般兒童照顧主要有兩方面：一方面是幫助處理他們沒有能力處理的事務；另一方面是訓練或教導他們習得必要的能力。但一般老

人照顧卻只強調幫助他們處理事務，而忽略了訓練與教育的層面。老人之所以喪失適應社會的能力，一方面是由於體力或腦力的衰退；另一方面是因為他們以前習得的知識及技能不足以應付急速變遷的新社會。對前一種狀況，只能幫助處理他們無法處理的事務。對後一種狀況，則應盡量提供學習新知識和技能的機會，幫助他們適應社會。這樣不但可以減輕社會的負擔，也可以恢復老人的自信心，保持老人的自尊。因此，老人學習的內容不應侷限於休閒性的項目，諸如：棋藝、書法等等，而應該包含實用性及知識性的項目，使老人不致與社會脫節。有些目前社會需要的技能或知識，對某些老人也許過於困難。例如：從未

接觸電腦的老人，要他們學會在網路上查資料、訂車票、
預約醫師門診，可能相當困難。解決此一困難，與其讓他
們請人代勞，不如保留一些他們可以使用舊方法的空間。
在還有相當數量的人不會使用電腦的情況下，不應要求日
常生活的必要工作都要在網路上處理。這也是老人人權的
一部分。

　　人生的各階段都有其內在的價值，不應該只是另一
階段的附庸。兒童時期不應只是成年時期的預備階段。兒
童的生活本身就是該階段的目標。兒童時期必須活得有意
義，而不僅是為了有意義的將來。同樣的，老人的生活也
不僅是為了要在人生劃下完美的句點，老年有其自身的價
值。老人照顧不應該只是仁慈的善後工作。

　　上述想法是在我閱讀景鈺雲女士《活出魅力·談老人
人權》一書後的心得。此著作包含她對美國南加州的老人
服務中心所做的詳細介紹及評論，書中呈現出許多有關老
人人權的新觀點，有很高的啟發性，足以引起讀者對老人
問題做深入的思考。她把老人得到政府照顧或服務當作是
老人的權利，尤具深意。這些既然是老人的權利，那麼政
府或社會就有提供的義務，而不僅是一項慈善事業而已。

　　景女士長期定居南加州，對該地區的環境及文化極為
熟悉。她深入其住家附近的老人服務中心，做詳細的考察

與訪談，充分理解這些制度與措施背後的理念，也親身體
會到這些制度與措施對老人心理及人生觀的影響。這樣的
研究途徑，不同於浮光掠影的問卷及統計。其研究成果值
得關切老人問題者細讀。

林正弘

東吳大學哲學系客座教授

〈推薦序三〉

高 序

看見鈺雲將國外的事業、家庭和家人暫時放下，到台灣來，為台灣打拚的精神值得敬佩。鈺雲總是默默耕耘。她一直希望台灣能成為國際舞台重要的一份子。當她發現台灣老年人人權地位的低落，特地在這方面努力研

究，更將美國加州老人社區服務中心的理念帶到台灣，希望政府能積極推廣此服務機制，造福更多的老年人。尤其是在亞洲地區，大部分的國家都忽視這方面的措施，老人也是人，雖然年紀大了，也希望能活得有尊嚴。

《活出魅力‧談老人人權》是一本非常有意義的著作，不僅說出了老人們的心聲，也表達了老人的需求，在高齡化的社會，老人每天何去何從？的確是目前社會的一個問題，尤其是對一些無依無靠的老人，更需要政府提供一個可以進修自己想要學習的課程與社交場所；在最困難的時候有一個地方，可以立即尋求協助，特別是法律諮詢方面，知道如何保護自己的權益，不至於受騙上當，賠了

老本和性命。這是一本值得政府、社會、眾人參考的資料文獻。

在此祝福鈺雲將此公益理念可以順利推廣,幫助更多的老人。也希望台灣在不久的將來,可以看到第一個屬於老人們自己的活動場所,讓老人在最後的人生階段,可以生活的更好、更有人性尊嚴。

高秉涵律師事務所律師

〈推薦序四〉

劉　序

　　坊間有個小故事是這樣描述的：
「有一群老年人定期會在某個場所碰
面，彼此噓寒問暖且相談甚歡，而其
相聚背景竟是醫療院所。某日，有一
位病友突然未到院所『看診』，相互打
聽的結果，原來該位長者因為生病而無

法到醫療院所看病。」這則故事原本重點在於醫療資源分
配及老人活動場所的探討，然而不論是真是假，確實反映
出現今社會人口老化的問題，值得大家深思及探討，試想
這個場景如果是一個經過精心規劃設計，符合老人活動空
間的「老人社區服務中心」，提供老人照護、聚會聊天、
伸展筋骨及動動腦快樂學習的環境，將是何等溫馨！然而
建構老人社區活動中心應藉由政府、社區及民間組織共同
規劃一個良好的軟、硬體多功能設施外，並提供老人貢獻
畢生所學的機會，參與社區活動、服務社會，提升認同感
及自我存在價值，達到想用（強化凝聚力）、能用（無障
礙設施）及樂用（多功能需求）的公私網絡資源整合平

臺，避免因資訊落差，而加大城鄉差距。

　　1993年我國老年人口（65歲以上）占總人口比率首度超過7%，已達到聯合國世界衛生組織所定義老年人口比率為7%之高齡化社會，隨著少子化及高齡化趨勢下，2010 年老年人口比率攀升至10.7%（80歲以上人口占老年人口比率為24.4%），預估在2060年老年人口將上升至39.4%（80歲以上人口占老年人口比率為44.0%）。面對老人化社會快速來臨，有關單位應正視老人議題，多面向全方位思考，除考量我政經社文國情外，亦參酌國外辦理安養老人社區成功之經驗，積極採取因應措施，讓高齡者不僅活得久，活得好，還要活得更有尊嚴。本書深入探討老人社區服務中心的相關問題，並提供實際案例，藉由政府機關結合社區、非營利組織及志工團體，共同組成社區服務團隊，運用公私協力治理提供老人社交活動、服務平臺、教育規劃和推動在地老化政策，將是未來趨勢，本書案例足可作為未來規劃方向之參考。

　　提供每位長者貼心的服務，使其對社會有正面、積極的影響，的確是政府必須要面對嚴肅的課題，也要深思年長者體能困境、訓練自理能力的提升及需求，提出符合我國民情規劃的措施。希望台灣在不久的將來，可以看到第

一個政府規劃、設置完善，普及性的屬於老人社區的養生
文化機制，讓老人活出璀璨魅力、人權更有保障及尊嚴。

劉文煌

台北市政府社會局政風室主任

〈推薦序五〉

谷　序

　　中國人傳統文化對「老年人」的定義多半是「老」的感覺。這是中西文化一個非常不同的地方。

　　「老」它只是時間的代表，為何「老」就不能有一顆年輕的心？為何「老」就必須被擺在家裡？為何「老」就不能有夢想？我們更應該正視「老」所帶來的改變。其實老人與每一個人擁有一樣的平等待遇、一樣可以享有人權，我們該如何讓他們擁有一顆年輕的心，活得健康，活得快樂，活得更有尊嚴，是社會大眾的責任，但這也是長期以來被忽視的議題。

　　景鈺雲女士在美國加州生活、工作近二十年，對南加州的老人社區服務有深刻地觀察與瞭解，她看著老人逐漸成為社會成員中最多的一群人口時，她即用心地將美國南加州老人社區服務及老年人的基本權利與健康福利，非常

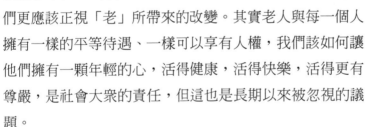

活出魅力
談老人人權

詳細的一一闡述下來，發揚其理念，這是一本十分值得政
府與社會關注的書，特爲推薦。

谷音

資深演員

〈推薦序六〉

黃　序

　　高齡化是當今一個普遍的議題，在台灣尤其嚴重。但一般說來，政府與社會所關切的是如何照顧與服務高齡化的族群，比較少有完整的政策與規劃。放眼國際社會，高齡化問題已經成為人權議題的一部分，國際人權法逐步有了詳盡的規範。例如，《經濟社會文化權利國際公約》第十二條，十分強調每個人有權享受可能達到之最高標準的身體與精神健康，明確與老年人的權益息息相關。用另外一種講法，我們對老人的關懷不應該只限於提供服務與照顧，而應該從人權的觀念出發，主張老人應該享有基本的權利與自由，包括受教育與取得各項技能的權利，使他們既能對社會有所貢獻，同時也能活得有尊嚴。

　　景女士在美國加州生活、工作有年，對南加州的老人社區服務有十分深刻地瞭解。這本專書詳盡介紹南加州老人社區服務中心的經驗，也十分注意到老年人的基本權利

與健康的問題，主張老年人應該活得有尊嚴，並可以繼續
為社會作出貢獻。這樣的立論，十分值得政府與社會的關
注，特為推薦。

私立東吳大學端木愷講座教授
總統府人權諮詢委員會委員

自 序

　　老人人權是當今其中一個迅速發展法定權利的特別
領域。十年前，幾乎沒有人關心以及提出有關老人法定權
利。大多數的人認為有關年長的人的需求與其他年齡層是
相同的。事實上，許多老人感到他們特別的需求總是被一
般人所忽略，例如遺囑的認證、繼承 、授權書（在健康
處於惡劣的情況下）、生前信託、如何投資和預防才不會
透支他們在銀行的存款、老化或是慢性健康問題以及缺乏
充實生活的機會等等。

　　茲由下列許多個原因來說明「為什麼老年人需要從社
區中得到幫助？」：

1.老人在家庭的地位逐漸降低，隨著網路科技的發
　達，年輕人不再依賴長輩們所提供的傳統訊息，更
　由於社會工業化，大多數年輕人多半會離家，遷移
　到外地工作的地方。因此，多世代大家庭相對地減
　少。這種家庭成員減少的情形，影響最大的是在多
　世代家庭中的年長者。無形中增加其對社區公共福
　利的高度需求性，而社區公共福利措施也漸漸取代

老人家過去只靠孩子或親戚所提供的唯一資源。

2. 家庭小型化。大多數家庭孩子的數量比以前的大家庭少。愈來愈多老年人沒有與孩子一起同住，有的老人甚至單獨居住。人口結構的改變，多數集中在工業化國家，其出生率逐年下降。有許多夫婦因為專注於他們的事業，因而沒有生育孩子或是延遲生育孩子。並且，高成長的離婚率導致許多單親家庭的產生。因為家庭中成員的減少，大大地增加老人獨自居住的可能性。

3. 隨著社會的平均年齡增加，社會將面臨一些關於如何面對老年人特殊需求大量增加的問題。政府應該適時提供社區資源服務來援助需要幫助的老人，並且提供適當訊息，充實老人的生活知識。共同解決老化所帶來的一些社會問題，例如健康醫療保健、法律諮詢的協助、財務處理和缺乏社交活動方面的場所之類的問題。

老年人也想要和任何人一樣擁有相同的權利。像是工作權、醫療保健權、政治發言權和參與社會活動權。隨著全球已開發國家中的小家庭數目的增加，老人人權的獨特需求性必將受到政府相當的重視。而在南加州有一個典型

的城市——爾灣市，就是其中一個成功的例子。本書主要是討論有關南加州政府——爾灣市老年人社區服務中心，如何執行以及怎樣提供這樣的社區服務，而且讓使用的社區老人真正完全享用社會福利的權利，進而改變老人對其生活的看法。爾灣市老年人社區服務中心已成為許多老人社區服務中心的學習典範。

加州老年人社區服務中心是以城市為單位的社區基本創新服務活動。主要的服務對象是社區老人和他們的看護者。協助老人們適應獨立自主的生活方式。因此，這項社區服務應該被視為是老年人的一種社會福利。然而，目前仍有許多國家尚未提供任何有關老年人社區服務的福利機構來幫助社區老人成長。根據全球人口統計學趨向顯示，老年人是人口發展最迅速的一群，而國家社會應該加強重視如何讓老年人持續其生產能力和增強自我照顧自己的獨立性。透過老人社區服務中心的活動，盡可能的提供相關資源，協助社區老人成長，瞭解法律常識以及如何維護自己的權益。讓老年人生活得更充實、更有價值和更有尊嚴。

由於人口高齡化的趨勢，許多國家開始面對老人的問題。有些老人需要長期照顧或是看護服務，但並不是每一個老人都需要這樣的服務。對於一些身體狀況還好的老人，國家政府若是可以提供一個專門屬於老人自己的社區

服務中心，使老人有活動的資源與接收訊息的場所，將更加能夠幫助老人增進自我成長，跟上時代的腳步，讓老人也可以像年輕人一樣，生活得有朝氣、有理想。筆者親自訪問南加州一些老人社區服務中心，發現這樣的服務是大部分老人都需要的，並且他們在透過其活動計畫參與後，卻改變其對人生的看法，因而讓生命過得更充實、更健康、更有意義。

對於一些被家人遺棄、低收入戶或是弱勢的老人，當他們在發生問題，不知如何面對人生挫折時，誰願意立即伸出援手來協助這些老人度過難關？老人社區服務中心卻可以提供短暫即時的輔導與關懷。而不是需要經過公文遞送或是家產審查後才給予協助。老人社區服務中心將每一個老人當成「人」而不是「老」人來對待，使每一個老人都可以感受到應有的尊嚴。

本書希望能幫助政府瞭解如何提供完善的老人設施場所以及應有的計畫機制，使老年人的生活不但可以活得越久，也可以活得越有價值。也希望能幫助老人認識老人人權，在適當的時候，可以自我維護自己的權益，更能精采的生活，且越老越有魅力。

景鈺雲

目　錄

活出魅力
談老人人權

壹、前言

活出魅力
談老人人權

　　人權教育的目的在於發展人格，培養生活知能，使其回饋自身所處的國家社會，期待其能在全球化的時代具備與人對話的世界公民涵養。長期以來的人權教育目標也以集體利益為重，對個體人權的教育相對不足。在現代化與全球化的社會發展下，漸漸重視個人人權的保障。因此，本書企圖讓老人瞭解老人權益問題，讓老人人權能確實落實於生活中。

　　《世界人權宣言》、《公民與政治權利國際公約》以及《經濟社會文化權利國際公約》合稱《國際人權法典》，是最具綱領性的國際人權規範，在國際人權法規中具有母法的地位，在當今許多國際人權公約都是由此法典所衍生而來，而成為國際人權保障體系最重要的法源（行政院研究發展考核委員會，2003）。《世界人權宣言》的諸多原則，經過六十多年來的發展，早已成為國際習慣法的一環，而兩公約的內容只對於締約國具有實質的法律拘束力。具體而言，《公民與政治權利國際公約》不僅要求締約國定期遞交人權報告，而且明訂有關侵犯人權相關的申訴機制；而與該公約同時通過的《公民與政治權利國際公約第一任擇議定書》，更賦予締約國的公民控訴其政府侵犯人權的權利（台灣人權促進會，2010）。 在《公民與政治權利國際公約》第四十條和《經濟社會文化權利

國際公約》第十六條中，規定了締約國需向聯合國提交報告。

　　自此，兩公約的內容成為我國國內法的一部分。中華民國早已於1967年簽署了兩公約，並同時簽署了《公民與政治權利國際公約第一任擇議定書》。但在1971年10月25日聯合國大會通過2758號決議，使得中華民國失去代表權之後，我國就一直未就此三份文件進行批准的程序，因此關於國際人權的重要性以及締約程序所涉及的相關國際法議題，在台灣社會也一直未能受到應有的重視（邱晃泉，2010）。

　　2008年，台灣第二次政黨輪替，在馬英九總統極力推行之下，於2009年3月31日審議通過兩公約《經濟社會文化權利國際公約》與《公民與政治權利國際公約》（以下簡稱兩公約施行法）全部條款。台灣立法院為了克服無法向聯合國祕書長存放生效問題，馬英九總統隨即於2009年4月22日公布《兩公約施行法》，並於2009年12月10日正式施行。《兩公約施行法》第二條明定，兩公約「具有國內法律之效力」，兩公約的內容成為台灣國內法的一部分。

　　這不僅對台灣提升人權意識，深化民主具有指標意義，也為台灣重返國際人權體系，履行國際人權義務，跨出重要的一大步（馬英九，2009）。

貳、緒論

　　本書之目的在於提出有關老人社區服務中心對老人
生活的重要性。最主要的動機是來自我長期對社會的觀察
──老人時常是被忽略及缺乏充分使用社會權益資源的一
群人。隨著老人人口的快速成長，老人逐漸成為社會成員
中最多的一群人口，特別是在已開發國家地區，政府不僅
應該盡可能地幫助老人學習，提供福利資源，使他們成為
一群獨立且有生產能力的人，並且促進社會更加進步。

　　在1946年，世界衛生組織對「真正的健康」下了一個
定義，就是必須達到生理、精神和社會各方面的平衡才是
真正的健康。健康因為年齡的不同而有不同的需求。年輕
時期的健康標準和老年時期的健康標準是不同的。當人類
因為年齡的增長而生體機能便會開始逐漸產生退化，有些
老人開始感到惶恐，容易焦慮；有些老人可能因為孩子離
家工作，看見好友生病或死亡，缺乏社交機會，而時常感
覺精神失去寄託，情緒消極。無論各種年齡，沒有人能逃
離死亡。有些老人恐懼死亡和寂寞，但並不是所有的老年
人都有這方面相同的身心問題，很多時候老年人卻面臨了
一些新的法律及權益問題，例如：配偶的死亡、健康、醫
療、財務透支等問題。

　　誰來幫助這些無助的老人？尤其是一些低收入戶，
或是獨身老人，當問題產生時，老人們不知如何求助或是

因為知識的不足而延誤解決問題的時效，政府應該提供適當機制來幫助這些老人，保護他們的權益，使傷害減到最低。倘若有了適當的機制，而在問題產生前，老人們甚至可以避免不幸事件的產生。老人社區服務中心的活動計畫不僅可以增加老人的自信心，改變對老化的恐懼，更可以產生對人生積極、正向的哲學觀。因此，老人社區服務中心被認為是一個提供老人基本的醫療保健——生理、精神和心理的一種社會福利資源場所。

而享有充分醫療保健的可行性、不足或者缺乏等問題，都被視為基本人權。這個理念在《經濟、社會和文化權利國際公約》中早已被涵蓋。以下為引述第十二條款：

一、本公約締約國確認人人有權享受可能達到之最高標準身體與精神健康。

二、本公約締約國為求充分實現此種權利所採取之步驟，應包括為達成下列目的所必要之措施：

(一)設法減低死產率和嬰兒死亡率，並促進兒童的健康發育；

(二)改善環境和工業衛生之所有方面；

(三)預防、治療和撲滅各種傳染病，地方疾病，職業病及其他疾病；

(四)創造環境，確保人人患病時均能享受醫藥服務與醫藥護理。

其中最關鍵的聲明在第一個句子：「本公約締約國確認人人有權享受可能達到之最高標準之身體與精神健康」。不論多大年齡，或是特定的年齡才可適用這個聲明。所以，老年人也應該享有這個標準。

醫療保健對以下三個階段都是生活中必備而不可或缺的：

童年（0-18年）、成人（19-50年）和老人（50-90年）。老人時期的歲月似乎與成人時期的歲月相似，甚至更長。若老人年齡超過100歲，雖然是人生的最後時期，其發展過程與生命品質，仍然值得相當地被重視及討論。

除醫療保健之外，基本的人權還包括孩子的義務教育。在《經濟、社會和文化權利國際公約》中引述第十三條款：

一、本公約締約國確認人人有受教育之權。締約國公認教育應朝向人格及人格尊嚴意識之充分發展，加強對人權和基本自由之尊重。締約國並同意教育將使所有人在自由社會下，均能有效地參與，促進各民族、種族或者宗教團體間之瞭解、容

忍、寬恕的友好關係，並且進而促進聯合國維護和平的工作。

二、本公約締約國為求充分實現此權利，確認：

(一)初等教育應屬強迫性質，免費並普及全民；

(二)各種中等教育，包括技術和職業中等教育在內，應以一切適當方法，特別應逐漸採取免費教育制度，積極推廣，使人人有公平接受教育的機會；

(三)高等教育應根據能力，以一切適當方法，特別應逐漸採免費教育制度，積極推廣，使人人有平接受教育的機會；

(四)基本教育盡可能給予鼓勵或加速處理，以利未接受初等教育或未完成初等教育的人；

(五)各級學校所有制度應積極發展，適當的獎學金制度應予以設置，教學職員之物質條件應不斷改善。

為什麼應該要如此呢？為什麼孩童有接受教育的權利，而且是「免費和強制的初等教育」？為什麼社會願意承擔費用而提供教育機會給孩童呢？我猜想可能是一種利己主義罷了。因為社會只有意識到為了維護和改善生存標

準,它需要它的成員是獨立和有生產力的。受過良好教育
的勞動生產是社會必須發展的過程。而最佳的方式就是不
論教育的花費究竟是多少,盡可能地教育年輕人成為有用
的人就是了。

　　當社會知道如何教育孩子,並且為他/她將來成為
「成人階段」做準備時,而社會卻沒有真正地替成年人對
將來成為「老人階段」做準備。其實老人教育就像教育年
輕人一樣,如何讓社會的老年人口,能繼續被教育,進而
成為獨立和有生產力的一群是當前政府必須要面對的問
題。社會不應該將「如何教他們自己釣魚」的老人社區成
長服務被認為只是一項「提供魚」的服務而已。透過老人
成長教育的社區活動,可以使老人不再只是依賴他們的孩
子生活。老人們的生活不僅更加充實和獨立,而且也有機
會可以回饋社會。利用志工和幫助其他需要幫助的人,他
們能繼續有效地貢獻社會,例如,學生課業個別輔導、醫
院義工。

　　一般人對兒童的權利並不陌生,但是我們卻很少聽到
「老人人權」。大概是因為老年人一直是被社會長期忽略
的一群,或者因為他們是比較沒有意見的一群。而在國際
人權公約中,並沒有明確地提及老年人權,但卻相當明確
地提及年輕人的權利。年輕人的權利真的比老年人的權利

還要重要嗎？

　　未來，確保老年人也有機會繼續學習知識，進而成為獨立且有社會貢獻能力地一群將是非常重要的。主要的一項因素是由於世界人口統計數字迅速地改變。在已開發國家，因為出生率的下降，人口的平均年齡卻逐年增加，人們平均壽命將增長。尤其在老年人人口的成長百分比迅速不斷地增加。因此，社會如何因應老人的需求，加強老人生活的獨立自主性，使老人不僅活得越久，也活得越好，使其對社會有正面、積極的影響，的確是一項必要的政府措施。

　　在2009年，美國65歲的老人的人口數字是3,960萬。這個數字占美國人口12.9%，大約在每八個美國人中有一個人是老人。到西元2030年，將有大約有7,210萬個老人，這個數字是西元2000年老人人口數字的兩倍（**圖1**）。而在西元2000年，高於65歲的老人人口數占總人口的12.4%，老人口數字將會不斷地增長。而在西元2030年之前，預期老人人口成長數字為總人口的19%。二十世紀九〇年代老人口成長數目將會減緩，是因為1930年代由於處在經濟體系蕭條期，嬰孩出生數量減少，但在2010年和2030年之間，高於年齡65歲的老年人由於處在「嬰兒潮」階段，其成長數量卻迅速地增加（美國人口普查局）。**圖2**顯示，

活出魅力
談老人人權

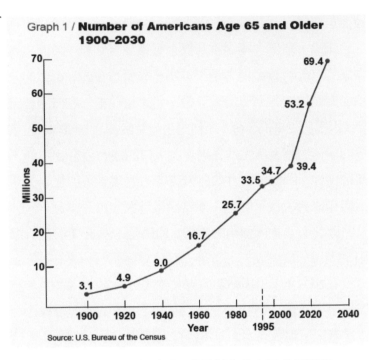

Graph 1 / **Number of Americans Age 65 and Older 1900–2030**

Source: U.S. Bureau of the Census

圖1　1900-2030年美國65歲及以上的人口成長數字

老人高於75歲的比例顯著增長。1990年，只有3%的老人分別為85歲以上，而75歲至84歲只有18%。到了1995年之間，75歲至84歲的老年人已經增長到33%，而那些85歲以上的老年人已經增長到11%。這說明人們的歲數比以前長。

　　我在加州居住大約有二十年，有許多年紀較長的朋

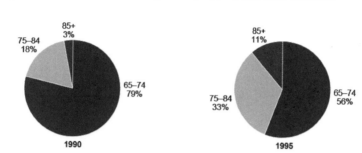

Graph 2 / **Percent of Americans Age 65+ by Age Group, 1990 and 1995**

85+
3%

75–84
18%

65–74
79%

1990

85+
11%

75–84
33%

65–74
56%

1995

Source: U.S. Bureau of the Census

圖2　1990年和1995年之美國65歲以上老人人口百分比

友。時常聽到他們談論一些有關老人社區服務中心的話題，他們也熱心地告訴我，在使用老人社區服務中心後居然改變了他們的生活。我感到非常地好奇「老人社區服務中心」是怎麼改變了他們的生活。然而，更令我感到訝異的是，在這段研究過程中，我看見老人們透過老人社區服務中心的活動和服務所得到的重大情感支持、權利維護與人性尊嚴的改變。

　　我相信「老人社區服務中心」是老年人社會權利的一項基本權利，因為它的確可以幫助老人達到生理、精神和社會各方面的平衡健康標準。社會必須改變對老人就是病態及衰弱的成見。貝蒂·弗里丹（Betty Friedan）於1994

年指出：「年齡的奧妙——社會一般人對晚年的恐懼是因
為不可避免的生理退化和疾病的影響。」（p. 181）貝蒂
認為這樣的負面想法，特別地顯現在醫療保健機構，老人
總是被醫療保健機構否定他們對自己身體的自治權和控制
權。

　　每一位老人都應該有機會透過「老人社區服務中心」
來幫助他們，並且考慮這樣的福利是老年人權利的一部
分。在《經濟、社會和文化權利國際公約》中確認老人人
權應像所有的基本人權一樣地被保護。

　　而Donnelly（2007）指出，人權來自於人的天生道德
品性。「之所以需要人權，不是為了生活，而是人性尊
嚴。『某項x的人權』暗示享有這項x權利的人們將因為這
個x權利而生活的更富有和有更充實的人生。」（p. 14）
權利是來自於哲學思想，《世界人權宣言》包含了任何人
權條款，是指合乎人最基本條件所應得的尊嚴生活和應得
價值生活。權利不是指關於目前已有的方式；而是指一些
應該有的方式。人權是一個烏托邦的想法和實踐理想的
組合。當人權和社會的實際執行互相衝突時，人權應該盡
可能地將政治和實際法律與道德理論一同考量。「人權
是透過政治實踐的道德目標」的一種政治實踐（Donnelly,
2007: 15）。

　　有些國家只管不斷地追求經濟發展，卻忽略了人性尊嚴的政治實踐。國家公共政策常常遺漏弱勢族群的需求。認為強大的經濟體制即可滿足所有的問題，殊不知在發展之後，要如何面臨貧富巨大差距所帶來的挑戰、資源分配、環境汙染以及生命品質要求的改善，都是當前發展中國家應該仔細思考的問題。人類不僅要利用科學增進生活品質，更需要透過國家的福利機制來達成生活目標。

　　「老人社區服務中心」在某些國家就像是一個烏托邦的想法和實踐理想的組合。在本書最後的章節，我將進一步說明老人社區服務中心和老年人的社會權利之間的關係。在這段出版期間，我會親自訪問一些使用老人社區服務中心已有許多年的老人，並從中瞭解「老人社區服務中心」是怎麼改變了他們的哲學人生觀，並且此類社區服務如何影響他們對生活的看法。最主要的目的是希望所有國家都能確認「老人社區服務中心」是老人社會權利的一部分。

參、老人社區服務
中心介紹

在討論老人社區服務之前，先回顧美國的法律與老人權利的相關性是很重要的。有趣的是，在社區中居然沒有任何法律及規章制度來設立老人服務中心的條文政策。因此，儘管多數社區有老人服務中心，但政府卻沒有對此服務有任何明確的要求。所以，每一個城市及每一個州的老人服務中心情況是不相同的。根據Pampel（2008）指出，有許多法律影響老人，但是其中有兩個重要法案影響老人最多，部分如下：

1935年社會安全法案（p. 72）——隨著1929年的經濟蕭條，這個社會立法法案成為創世紀的社會立法。加州健康部門的一位醫師，弗朗西絲，他看到許多老人經歷經濟蕭條所造成的苦難，在1933年他投信給報社（*L. A Times*），他提出了60歲以上老人年金的福利政策。最後提案獲取了全國性的支持，在1935年羅斯福總統和國會通過了設定系統給年長退休工作者一筆公開退休金的社會安全法案。但是，它並不包括非正式薪水的工作者（像農業工作者），以及從事聯邦工作者和鐵路工作者（他們已經有自己的退休金系統）。

1965年美國老人法案（p. 75）——這個法案闡明許多老人權利：

1.一份充足的退休金收入。

2.科學家盡可能提供最好物理和精神健康服務。

3.他們可以付得起、適當的、需要的安養院。

4.對需要的老人提供全套服務——關心與協助。

5.沒有年齡歧視的就業機會。

6.在健康、榮譽和尊嚴下退休。

7.追求有意義的活動。

8.提供有效率的、會救濟的社區服務。

9.從已證實的研究中，立即受惠進而維持健康和幸福。

10.自由和獨立情況下計畫和處理他們的生活。

　　當1965年美國老人法案（在2000年和2006年修正）真正地是一套指南而不是一項要求，它形成建立了老化的行政系統，作為健康、教育和福利一部分（現在保健服務中心的部門）。老化行政管理局不提供任何直接的服務，它是由州政府和地方社區共同資助、努力的一個組織。

　　其中一個指南因而導致老人社區服務的成立，就是——「提供有效率可救濟的社區服務」的聲明。根據在老人網站（美國老人2010法案）：「國會通過了1965年美國老人法案（OAA）以回應政府決策人員關心有關對老人

缺乏的社區福利機構。原始的立法，當局讓州政府建立了在老化領域對社區規劃、社會福利、研究、開發項目和人員訓練的綱要。在老化行政管理局（AoA）中，一些新的法律也開始建立、管理，並且和聯邦政府一起執行一些為老人服務，以及關於老人新的福利政策」。

在2011年國會將考慮對OAA再認可和修正，在2012年的財政年度將會有效地執行。OAA法案創造老化行政管理局（AoA）部門。由老化行政管理局（AoA）部門來執行政策、提供教育材料、統計訊息和技術協助給各州和各城市的老人服務機構。

一、什麼是老人社區服務中心？

老人社區服務中心的原始想法是來自當地社區的老年人。在與爾灣老人社區服務中心的職員談話過程中，我發現每一個城市是由它自己來資助老人的社區服務。縣並不協助及提供老人社區服務。老人社區服務主要的經費不僅是來自各州和聯邦政府的資助，甚至來自各地的捐款人、協辦單位和基金會。然而，每一個城市並沒有一定要提供老人社區服務中心，在加州幾乎所有具有一般規模的城市都有提供一個老人社區服務中心。例如，加州的棕櫚泉市

有五個老人社區服務中心，然而爾灣市有兩個老人社區服務中心。它決定於城市的大小和人口數目，以及當地城市老人人口的多寡。

　　老人社區服務中心的服務哲學可以在以下的使命陳述中被發現，「我們社區的組成不是由於『老人』，而是由於『人』——當使用老人社區服務中心時，每個人都應該享有尊嚴並且期望被尊敬的對待」（爾灣市老人社區服務中心）。

爾灣市政府

　　爾灣市老人社區服務中心的職員告訴我「提供所有會員應有的服務是必要和有價值感的，並且可以進而改變一些人每天的生活」。

　　「老人社區服務中心的基礎是建立在我們的團隊人員，在每一個層面，每一個人都抱持著並且致力於實踐此種服務正確的價值觀，加強工作的道德概念，對服務品質和團隊精神有一定的保證。」──根據爾灣市老人社區服務中心經理的說法。

　　爾灣湖景老人中心的經理更親自寄了一份在最近幾年才完成的簡介圖稿給我，並在電子郵件中附上爾灣市每一個老人中心詳細的成立情況資料。

　　爾灣市所擁有的兩個老人中心的設施構思，皆是來自於社區成員和創始小組。爾灣市的蘭喬老人中心的創始經費，是來自由當地居民投票贊成後而發行的債券。而湖景老人中心的成立經費，卻是由爾灣老人基金會與爾灣市政府配合，連手一起從私人個體、非營利性組織和企業團體招募來的捐贈經費。老人社區服務中心其中比較重要的服務，是由老人中心所提供老人的終身學習教育活動。近年來，由於科技的進展而改變了許多人生活的節奏。比較困難的是如何讓老人們也能跟上新時代的腳步。根據Tibballs（2008）的觀察「我一直以為一旦達到一定年

紀時的想法，就是躺在搖椅上，以我們過去多年累積的智慧和知識來應付生活日常問題，偶爾可以給年輕的一代一個小小人生智慧的建議，就覺得這些年輕人應該更加的感恩。太多理所當然的道理了，以為是我們在教他們，其實是他們是在教我們呢！尤其是當你看到一個8歲小孩可以做到在一分鐘內快速的用他的手指傳送簡訊時……」（p. 1）

Tibballs認為高科技的技術迅速地改變人的生活與想法，有時候反而是年輕人在教育老人如何跟上新科技知識

老人中心的電腦使用中心

的腳步。而老人社區服務中心卻可以提供類似的課程來幫
助老人學會新的技能。爾灣的湖景老人中心和蘭喬老人中
心皆提供了各種各樣的教育規劃和服務。所有課程都是由
學院級的教師、專業的輔導員、課程專家、專家志工所組
成。除此之外，爾灣老人社區服務中心並提供多項休閒節
目、活動和資源協助。

茲將免費使用的服務、計畫和資源主要的提供單位分
述如下：

◆艾爾和多蘿西老人資源中心

本資源中心位於湖景老人中心大廳，在這個資源中心
裡，老人可以發現各種各樣與老人服務相關的計畫及資源
的訊息。老人可以很容易的獲取這些資源的提供，包括使
用電話、電傳及電子郵件或其他簡便的方式，或是可以親
自領取。每天，有相當多的老人會經過這裡並且找尋一些
他們需要相關的資源訊息。這些實用的小冊子和編目涵蓋
醫療保健、健康保險、社會福利、退休金、安全保障、財
務管理、可供選擇的生活方式、交通運輸、家庭看護和看
護工各式各樣主題。

爾灣老人中心公告欄

◆資源訊息介紹及引薦

　　資源訊息中心的職員、義工及實習生都是經過專業的訓練，可以隨時回答老人的問題和協助老人找不到的資訊。

　　資源訊息中心還包括可使用以下的資訊❶：

---

❶本單元之＊爲只有某一特定時間而非全年的服務之意。

1.成人日間醫療保健服務。

2.先進的醫療保健方針。

3.可供選擇的生活安排。

4.血壓測量。

5.家庭看護。

包含看護工登記、家務計畫——幫助單身的居家老人提供基本的家務和個人照料服務。

6.輔導及私人看護管理。

7.緊急狀況服務。

成立臨時專案小組,派專門人員到府瞭解並且評估如何協助虛弱及獨居老人的需求。透過連接老人社區資源服務進而讓老人可以獨立解決問題。

8.就業輔導。

9.就業金融投資輔導*(季節性)。

10.食物券或商品贈送。

11.友好探訪或電話拜訪。

12.葬禮或財產分配。

13.雜物工或修理房子。

14.健康。

15.聽力測試。

16.Hospice安寧病房生命末端的維持。

　　「安寧看護」是利用緩和老人敏感的感受和關心方式幫助將要離開人世的老人的看護例子。而hospice用語，最初是利用於中世紀，表示「招待所」的意思，是指社區會全力照料遠來的旅客。而原始是從拉丁hospes字根衍生而來，現代詞彙「醫院」即是此字衍生而來的，當今hospice這個詞通常是在描述幫助面對死亡的老人如何在舒適和尊嚴的方式下走完人生旅途的一種照顧方式。

17.所得稅報表*（季節性）。

18.居家看護*（季節性）。

19.法律諮詢*（季節性）。

　　爾灣老人社區服務中心也為老人提供免費的法律諮詢協助。老人也會面臨許多民事紛爭的發生以及一些法律問題。很多老人卻不知道如何處理這些問題。老人中心可以提供老人與合格的律師，作免費的法律諮詢協助，通常需要先電話預約。

諮詢時間是在每一個月的第二個和第四個禮拜的
星期四，在下午五點至七點之間，律師義工會在
法律問題上提出建議。而法律諮詢問題的時間只
有三十分鐘。

大部分諮詢的法律問題包括：

(1)財產分配和遺囑的認證。

(2)老人法律和退休金法。

(3)小額法庭。所謂的小額法庭是指金額在美金一
　　萬元以下的人民法庭，只要有充分證據，每一
　　個人都有權力去法庭告任何一個人，而且可以
　　不必透過律師，自己可以代表自己出庭為自己
　　答辯。被告者於三十天內有上訴的權利若法官
　　宣判原告贏得官司時，而原告者在打輸官司後
　　不可上訴，並且須於三十天內交付賠償金額給
　　對方。在上訴過程中，可以請律師代為出庭。

(4)破產法。

(5)交通違規相關的刑事訴訟法。

(6)民事訴訟法。

(7)移民法。

(8)家庭法。

(9)勞工法。

透過法律人士的專業忠告，這樣的服務的確可以
有效地幫助許多老人知道如何應付他們所遇到的
法律問題。在美國，其中一個影響老人非常最重
要的法律問題是，當自己無法獨立照料自己時，
老人是否仍然有獨立自主的權利，而不是將被安
置在監護之下的角色？例如，老人有權利自己做
關於醫療保健的決定和安寧看護生活計畫的決
定。隨著人口結構的老化，有時成年孩子是因為
長期照顧他們年老父母所帶來的壓力，因此，成
年孩子虐待老人的情形時有所聞。美國人口統計
學另外發現，由於高離婚率而產生祖父母探視孫兒
／女的權利問題。老人若遇到以上的問題時，不管
其收入高低，皆可從老人社區服務中心得到免費法
律顧問的協助。若沒有這樣的法律幫助，老人將不
知如何應付那些法律問題和瞭解他們的法定權利。

20.滾輪餐食。

爾灣滾輪餐食的使命是提供營養、健康、可口的
飯食到需要幫助的老人家裡。協助獨居老年人
維持基本健康條件，因而可以維持他們的獨立自
主的生活方式。爾灣滾輪餐食是爾灣市政府和爾

灣全國慈善同盟聯合一起合作的成果。過去三十年，爾灣全國慈善同盟採取了爾灣滾輪餐食作為它的主要慈善活動，並且贊助所有老人福利行政上的花費。

21.醫療設備貸款。
22.醫療保險及低收入戶健康保險——多重用途老人福利計畫（MSSP）。

此計畫是提供一項高水準服務給擁有醫療保險資格並且是傷殘或遭受健康問題的老人，協助他們安置到合適的醫療機構接受適當的醫療照顧。

爾灣老人中心提供的低脂、低鹽、低糖的健康營養午餐

這些老人可能是慢性病患或短期病患。並且可以
透過社會工作者和護士對他們的社交和健康需求
作必要的評估，計畫關懷活動和安排時間定期拜
訪。

23.護理評估及輔導*（季節性）。

24.房屋出租與地稅協助（季節性）。

25.安全與安全性。

26.房屋分租*（季節性）。

27.退休金／社會保險／SSI。

28.補充醫療保險。

29.運輸。

老人中心提供「醫療箱型車」和「中心活動服務
箱型車」兩種免費運輸服務。兩種都是到府接送
服務，但只限於爾灣市50歲居民。兩種箱型車皆
有輪椅設施，可以由看護陪伴，隨身行李不可以
超出限制的重量。每天可以連續和提供為同一位
乘客作往返的優先服務。若是超過一個目的地的
旅行，可以根據每天駕駛的司機，來取決於當天
服務的可行性。

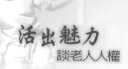

爾灣老人日間健康中心

◆志工

老人社區服務中心是由志工長久不斷的支持而來的，目前有四百個志願者幫助且支援老人中心的活動。

◆玫瑰園營養關心計畫

玫瑰園Café，位於湖景老人中心，由專業人員每日親自準備新鮮的、熱的飯食服務。每天有很多老人來享用營

老人中心上課的活動教室

養、滋補、美味可口的餐點，並且由志工人員親自送到老
人的餐桌前。志工不僅可以在玫瑰園Café得到一頓膳食，
並且可以感受到社會大眾關懷老人的氣氛與這項服務了不
起的成就感。

◆場地設施預留

　　蘭喬和湖景老人中心擁有令人印象深刻的場地設施可
提供老人自己所設計的任何活動場景。兩個老人中心有足

夠的場地提供給老人使用，像是宴會廳、會議室、婚禮禮堂、生日舞會、週年紀念活動以及其他不同活動。可容納10-216人，它位於接近I-5和405高速公路，專業的工作人員可以協助老人租用場地設施、擺設樣式、承包餐食者、許可證和安全。

◆支持和利益團體

爾灣華人松柏會（The Irvine Evergreen Chinese Senior Association, IECSA）是一個獨立的、不受任何政治或宗教派系影響的非營利性組織。他們的使命是鼓勵並且提高在爾灣居住的中國老人之生活水準的一個社會網絡。每個人的年會員費是美金25元，會員必須是55歲以上。IECSA海報區位於湖景老人中心，張貼每一個月的活動日程表、事件和訊息。

◆爾灣老人旅遊客

爾灣老人旅客俱樂部協調各種各樣的日間和行程延長的旅行來符合老人的需要。沒有限制其俱樂部會員資格或是爾灣市居民。

◆NEDA──美籍伊朗裔老人協會

爾灣老人社區服務中心，歡迎來自波斯灣、伊朗的老人加入在湖景老人中心提供的休閒和教育活動。活動包括運動、娛樂、營養和更多不同的活動，所有活動設計的目的在促進友誼和社會化。

◆爾灣多元文化協會

爾灣多元文化協會（Irvine Multicultural Association, IMA）是提供教育和社會功能的一個老人節目。IMA的使命是促進和諧與瞭解進而成為一個更好，被啟發和更加健康的社區。

◆爾灣韓裔健康學院

橙縣美籍韓人健康訊息和教育中心是一個非營利性的組織。一個關心爾灣美籍韓裔的健康學院組織。所有的節目提供給爾灣和鄰近社區50歲以上的成人，會員全是由義工團隊所組成，願意加入一個可以貢獻社區的機會。美籍韓人健康學院提供老人健康講座、有氧舞蹈鍛鍊、音樂課、韓國舞蹈課和實地參觀考察。年會費是美金10元。

活出魅力
談老人人權

◆AARP

　　美國退休老人協會是全美國退休老人協會組織的一個地方分支（1489號）。這是一個以所有社區的志願義工所組成的組織，專為50歲以上的退休老人全心致力推廣公益、教育、倡導和社會方面的服務。每個月的第四個星期一從上午十點到十一點半會在湖景老人中心開會。

◆友誼拓展

　　友誼拓展是一個非營利的501(c)（抵稅代碼）組織，所有成員全為志願義工，以爾灣市為基礎來幫助支持爾灣市的老人拓展友誼計畫的組織（對組織的所有捐贈是可抵稅的）。小組舉辦服務項目包括，籌款活動、每週社交活動在湖景老人中心舉行，所有活動皆對外開放。鼓勵社區成員加入，參與和結交朋友。

　　老人若要參加以上任何一個活動，或使用其中任何一個服務，他們首先必須至少是其中一個組織的一名正式成員。

　　老人社區服務中心不直接提供以上任何一個活動，而是連接那些節目和活動給老人的一個轉介中心，有時可以

老人中心的健身房

透過一個活動而必須與社會局的社工人員連絡。這就是為
什麼「資源中心」在老人中心是一個家喻戶曉的地方——
當任何老人需要幫助時，它是可以讓老人直接獲得資源的
一個主要中心點。

　　老人社區服務中心的資源中心不提供老人住房的服
務。中心的使命是幫助老人盡可能地活得越久、越好、越
獨立地生活。某些服務主要是針對幫助低收入戶的老人，
並且老人必須通過中心的社會工作者親自訪談瞭解後，符

合資格才能被視爲低收入戶的老人。老人社區服務中心其中一個主要的目的是爲老人的社交活動提供設施，透過各種各樣的活動和節目以便豐富他們的生活。

在Pampel的研究中，她發現了以下情形：「老人和大多數人一樣也想要有一些應有的權利：工作權（如果他們選擇繼續工作），得到品質優良的醫療保健，享有穩定的收入，參加社會生活，並且可以選擇他們想要的生活。像其他年齡層的人一樣，他們期待被保護，並且免受歧視、貧窮和虐待」（p. 3）。

◆歷史背景

爾灣老人社區服務中心在處理老人的每日活動和教育規劃有一個歷史悠久和成功的記錄（爾灣老人社區服務中心）。主要的方法是結合市政府的行政操作系統與老人他們所要求的老人社交活動和教育規劃，藉以提供給每位當地老人居民的一項服務。

爾灣市是一個相當新的城市，成立於1971年。它是一個多元文化和多種族的城市。它是加州爾灣（UCI）大學的所在城市，人口大約200,000人。在2010年，它的人口種族包括以下成員：

種族	比例
白人	49.7%
亞洲人（韓國，中國，印度，日本）	36.2%
西班牙裔	9%
美國非洲黑人	1.7%
其他	3.3%

資料來源：美國人口普查局，2008年美國公共調查。

　　當爾灣市逐漸成型，人口成長百分比卻相對地減少。在1970年和1980年之間，人口平均增長為每年20%。在1980年和1990年之間，人口平均增長數量下降到每年8%；並且自1990年以來，每年人口平均增長為2%。由於爾灣市是一個相當新的城市，並且開始以年輕人口為主，在1990年只有12.7%的爾灣居民是屬於在55歲的類別。然而，至2020年，超過55歲年齡的居民預計占爾灣市人口的28%。目前超過55歲年齡的居民大約有21,000位，預計在二十五年內成長數字為60,000。

　　與其他城市相比較，爾灣市是一個相當多元的文化代表和混合不同國籍居民的城市。不同的國籍和文化便會產生不同的觀點，就是因為這個原因，我選擇爾灣市做我的研究。這項研究的結果由於是多方面的看法，所以應該是相當平衡與合理的。

二、爾灣市湖景老人中心

　　爾灣市的老人社區服務中心是爾灣市政府所提供其中之一的城市服務。爾灣市的第一個老人社區服務中心在1978年成立；第二個獨立的老人中心——湖景老人中心建立於1994年，其修建費用為美金8,955,250元。

　　老人理事會在爾灣市議會建議爾灣市政府的政策問題

爾灣市議會

將會影響社區老年人和他們的家人。湖景老人中心是一個
獨立的老人中心，占地大約22,000平方英尺。每日下午五
點以後和週末的整天作為社區活動中心。

爾灣成人日托中心，位於湖景老人中心旁，是被分開
管理的設施。此中心有專門社工人員照顧行動不便或是智
力退化的老人，依照老人個別狀況，收費不等。湖景老人
中心位於加州爾灣市Lake Road 20 號。湖景老人中心服務
時間是從星期一到星期五，上午八點到是下午五點。社區
活動時間是從星期一到星期五，下午五點到凌晨一點，星
期六和星期天是晚間七點到凌晨一點。

湖景老人中心是屬於二十二英畝木橋社區公園的一部
分。每年大約100,000個人使用它的設施。設施包括：撞
球室、橋牌室、會議室、小型會議室、大禮堂（能被劃分
成三間不同的空間）、資源中心、電腦資訊室、工藝室、
餐廳、廚房、義工中心、辦公室、庭院和露台區域，共有
440個停車位（其面積圖請參見附錄三）。

中心的主要功能將提供老人社會的、消遣的和健康的
節目，包括健康講座、營養資訊和拓展社交服務。許多各
種各樣的節日、服務和設施用途皆可利用，包括一百種消
遣和教育類、二十個俱樂部和組織、一份熱午餐計畫、資
源中心、拓展服務和設施場地租借服務〔附上每日課程活

動表（六月份），請參見附錄一〕。

◆人口統計

目前爾灣市人口估計數字是202,079。到2005年超過55歲的老人，人口估計數字是33,111。

使用湖景老人中心的服務和活動的老人，其估計年齡如下：

年齡	比例
50-59	5%
60-69	15%
70-79	60%
80-89	15%
90+	5%

有大約25%的人使用老人中心的服務和活動不是爾灣市居民。大部分參加中心的計畫節目類型和服務包括：跳舞節目、鍛鍊強身類、營養節目、服務類和有益於健康的活動、友誼拓展、一般支持性業務和提供當地接送的運輸服務。屬於「嬰兒潮」那一代的成員通常參加中心的教育和消遣類活動，例如花卉設計和電腦資訊室。中心包括1位全職管理職員（與其他職員分享部分職責），1.25位全職監督員（與其他職員分享部分職責），0.5位全職活動

湖景老人中心

協調員和45位兼職職員。

　　湖景老人中心的預算如下：

建築費	$8,955,250
每年營業成本	$826,486
每年開支	$1,048,825
年收入	$22,238

　　根據中心職員表示，大部分的預算經費來自社區的捐

款，有一些老人希望能夠幫助其他有需求的老人使其生活
變得更好，在他臨終時特別指示將所有的財產捐給老人中
心。有些家庭甚至於好幾世代，不停地捐款，為了就是要
讓老人中心可以繼續幫助需要幫助的老人。尤其是讓一些
弱勢的老人在人生的最後階段還能活出人性尊嚴。

三、爾灣市蘭喬Rancho San Joaquin（皇家）老人中心

　　蘭喬Rancho San Joaquin（皇家）老人中心是一個獨
立的老人中心，占地大約11,000平方英尺。每日下午五點
以後和週末整天作為社區活動中心，這個老人中心設施成
立於1978年6月，總共花費美金742,035元修建。經費主要
來自當地居民投票贊成的債券投資。
　　中心的主要功能與湖景老人中心一樣提供老人社交
的、消遣的和健康的節目，包括健康、營養和拓展友誼服
務。蘭喬Rancho San Joaquin（皇家）老人中心位於加州
爾灣市Ethel Coplen 3號。網址是http://www.irvineseniors.
org。服務時間是從星期一到星期五，上午八點到是下午
五點。社區活動時間是從星期一到星期五，下午五點到凌
晨一點，星期六和星期天，是晚間七點到凌晨一點。許多

各種各樣的節目、服務和設施用途皆可利用，包括五十個消遣類和教育類、十個俱樂部和組織、拓展服務和設施租借服務〔附上每日活動時間表（六月份），請參見附錄二〕。

蘭喬Rancho San Joaquin（皇家）老人中心成立於1978年，占地為2.1英畝，位於405高速公路的南方，在Culver街道的西邊。每年大約50,000個人使用它的設施。設施包括：舞廳、三個多用途的房間、廚房、健身中心、辦公室和庭院區域。共有55個停車位（面積圖請參見附錄四）。

◆人口統計

目前，爾灣市人口估計數字是202,079。到2005年超過55歲的老人人口估計數字是33,111。

使用蘭喬Rancho San Joaquin（皇家）老人中心的服務和節目的老人，其估計年齡如下：

年齡	比例
50-59	25%
60-69	35%
70-79	20%
80-89	15%
90+	5%

活出魅力
談老人人權

　　大約有20%的人使用老人中心的服務和活動不是爾灣市居民。大部分參加中心的計畫節目類型和服務包括：跳舞節目、鍛鍊強身類、營養節目、服務類和有益於健康的活動、友誼拓展、一般支持性業務和提供當地接送的運輸服務。

　　屬於「嬰兒潮」那一代的成員通常參加中心的教育和消遣類活動，例如瑜伽。蘭喬（皇家）老人中心包括1位全職管理職員（與其他職員分享部分職責），有1.25位全職監督員（與其他職員分享部分職責），0.5位全職活動協調員和15位兼職職員〔蘭喬Rancho San Joaquin（皇家）老人中心〕。

　　蘭喬Rancho San Joaquin（皇家）老人中心的預算如下：

建築費	$742,035
每年營業成本	$253,160
每年開支	$301,230
年收入	$48,070

　　基本上，兩個老人社區服務中心的使命都是一樣的，即是促進社會生活的品質和更新老人的知識。由於當地老人人口與老人的需求性的增加，第二個湖景老人中心才在

1994年成立。湖景和蘭喬San Joaquin（皇家）老人中心提供舞蹈、音樂、健身各種各樣的活動和其他方面的活動。

被列出的所有活動，會列印為公開海報可供自由取用，排除另行個別通知。爾灣老人中心承諾服務每一個爾灣的居民，以及周圍城市的居民。它是一個屬於年齡50歲以上的成人中心，是一個歡迎每一個人參加的休閒、社會化、教育和健身以及許多其他有益服務的場所。所有的工作人員和義工在任何時候都可以提供協助。全部的活動資訊細節除非另行通知，其餘的都被列印出來，放在老人中心的大廳，供大眾自由取用。

所有老人中心都列有以下行為規範條例，並且列出不可接受的行為規範（爾灣市老人社區服務中心）：

1.虐待、淫穢、威脅、擾亂、欺辱或者暗示語言。

2.怨恨談話或口號（即種族、族群、性別歧視、恐懼同性戀和宗教暗示）。

3.當受酒精或非法藥物的影響時。

4.戰鬥、人身污蔑、向其他人挑戰戰鬥。

5.不可以使用本設施公開沐浴。

6.促進或參與任何非法活動。

7.請願或調查勘測或者影印時事通訊，為某個組織或

事件賣票或在中心拍照錄影，需要有老人中心執行
董事的認同。

8. 禁止在任何家具上躺下或睡覺。

9. 中心不允許刻意留下或存放購物車和其他個人財
產。中心對遺失或被竊取的物產不負任何賠償責
任，並有權利處理被放置或遺棄在中心的物品。

　　為了服務不斷成長的老人人口，爾灣的湖景老人中心
和蘭喬（皇家）老人中心設法落實施老化部門對老人管理
協助的理念，在州政府、縣、市政府提供一個充滿活力的
老人服務網，透過低成本，非醫療的服務並且提供支援的
資助幫助許多老人，使他們的生活更加獨立。在我訪問爾
灣市老人社區服務中心的職員時，發現在南加州大多數城
市都至少有一個老人社區服務中心，他們告訴我，是根據
城市的大小和人口的多寡來決定是否設立。事實上，爾灣
市有兩個老人社區服務中心。爾灣老人社區服務是幫助老
人如何變得獨立的其中一個社會資源福利場所。根據當地
老人居民表示，這個老人社區服務中心對老人是一個不可
缺少的連結，特別是當他們需要一些社會服務時。

肆、老人社區服務
中心對老人的
衝擊

　　因為國家關心、在乎對老人的社會福利問題，所以老人社區服務中心的提供是由州政府、和地方政府互相合作所產生的一個可以幫助老人應付許多生活問題的地方。大部分使用過其設施與活動的老人都會感受到不小的生活衝擊。

一、對老人生活思想的改變和影響

　　Kenny和Spicer談論老人的生活哲學。「描述您的生活哲學，什麼樣的想法想要與您的後代子孫分享？您對他們的期望是什麼？告訴我您對下一代最擔心憂慮的是什麼？依照您的觀點，什麼是社會對您最大的成就？」（p.152）我使用上面的例子來詢問老人關於社區服務中心是怎樣衝擊他們的生活，並且它怎樣改變了他們的生活哲學觀。我採訪了幾個使用爾灣老人社區服務中心的老人，表達他們的個人經驗和看法。

　　Kathy是一位退休老師。她認為老人社區服務中心可以充實她的個人生活。例如，湖景和蘭喬老人中心的大廳中心為她提供了展示她的藝術品和裝飾創作的機會。她感到相當愉快某些人可以有機會欣賞她的藝術品。她經常開玩笑地說她的作品是老人的藝術。她可以專注她的時間來

做她認為有趣的事。Kathy說她喜歡老人中心提供的國畫技巧課程。每堂課她只付了美金10元。除了每個月的第五個星期一沒有課，其餘的星期一從下午兩點到下午五點在湖景老人中心上課。她不僅將使用老人社區服務中心成為一個個人的嗜好，而且在那裡她也結交了許多好朋友。

另外，Kathy也參加了國際時事討論小組並且參與了全國和國際時事啟發討論的活動。每一個月的第三個星期二，從上午九點半到十一點半在蘭喬老人中心。在參加國際時事討論小組的活動後，她開始關心國際問題的相關新聞。老人社區服務中心的活動的確改變她思考和對世界的看法。例如，最近國際時事題目在討論利比亞國家人民的政治權利和自由，是她以前一直忽略的部分。

「蘭喬（皇家）老人中心」的確改變了我對所有事情的想法。我擔心我的寫作能力，但是，如果你會說一種語言，你便合格了！在這裡我開始寫基本的文章。他們非常的有愛心，並且不只是幫助你學習，還可以讓你發洩情緒。在我學習的兩個月，沒有一天令我後悔走進蘭喬老人中心這個地方的決定。這是一個非常友善和有用的場所。如果你只是小小的一個微笑，你將得到更大的回應。

—— Shirley Sheng

開心一塊享用午餐

　　Shirley是寫作俱樂部的會員。她有一個可以發揮她的創造性能力的機會，並且可以投入在她的創作文稿中。在她參加這個活動之前，她從來不知道她有那種創造性的寫作能力。她每個月去參加兩次，時間是在第一個和第三個星期四，從上午九點半到上午十一點。透過創造性和想像力的啟發，老師幫助她發現「她的內在寫作靈感的潛能」。

　　Brian過去一直待在家裡，很少出門。自從他的妻子去世之後，他有一陣子非常沮喪難過。突然有一天，他去參加在蘭喬老人中心友誼角落的聚會活動。其中一名成員

告訴他如何參加舞蹈俱樂部。他以前不知道怎麼跳舞，但是他現在知道了。並且他感到有很多事他現在才知道，可是他以前卻不知道。他現在認為生命太短以至於不能學會所有的一切，他感謝老人中心提供機會讓他可以學會以前從來未曾想過的新事物。他現在是一個快樂的人，在那裡有機會遇見許多好朋友，並且他們有時會在老人中心一塊吃午餐。

> 我可以明確地說友誼角落對我改變非常大。它不僅僅影響對爾灣居民的生活，並且也影響在我個人的生活中。
>
> 參加爾灣老人社區服務中心活動後，讓我在回到家中有不同的觀點，不僅對我個人的生活，包括我怎樣與其他事情的互動。我是一位害羞的獨居鰥夫。在參加社交活動以後，我現在成為一個外向活潑的人，並且我不再感覺孤獨。我建議所有的老人應該讓自己實際地體驗不同的社交活動，或許有一天它可融入在他們的生活中。
>
> ——Brian Chang

在蘭喬（皇家）老人中心的友誼角落，是一個可以讓老人能夠享受活動和清淡的茶點的地方，是他們每週五固定的社交聚會，在那裡可以遇見新的朋友。

瓦特先生95歲高齡了，雖然行動不便，但仍可以獨力照顧自己

二、在加入老人社區服務中心前後的不同看法

其中一個65歲的老人，她的名字是蘇，她是一位退休老師。她的孩子住在台灣。自從她的丈夫過世後她自己獨自居住。她有嚴重的憂鬱症，並且她不想去任何地方，只是待在家裡和只懷念她的丈夫。她開始有老年痴呆症的症狀。有一天，她的朋友帶她參加在爾灣老人社區服務中心

某一個節目。半年後，她卻開始改變她對生命的想法，並且從老人社區服務中心得到更多的幫助。例如，認識更多朋友和得到更多知識來豐富她的生活。在充分參加老人社區服務中心的活動一年以後，她的朋友說她看起來與一年前不一樣了。她不再只是待在屋子裡，有時她會自己每天開車，去爾灣的老人社區服務中心。

憂鬱症是否是痴呆症的風險因素？消沉是否是對情感反應的一個損失傷害因而導致了老人痴呆症？

Snowdon（2001）的研究發現：「無疑的，在治療老人痴呆症患者的憂鬱症狀況，可能導致他們在精神，社會和物理作用的改善。並且，因為憂鬱症也是冠狀心血管疾病和其他慢性病的重要風險因素。」（p. 82）。在她參加老人中心活動一年之後，她發現她老人痴呆症的症狀慢慢地恢復，並且她不再像她以前一樣感覺寂寞、恐懼。其中她幫助的一些老人告訴我，她比加入中心活動以前快樂許多。她志願幫助遭受憂鬱症老人並且介紹老人社區服務中心給其他老人。在他們使用了設施的服務之後，他們告訴我，他們確實是比較快樂，因為在加入社交活動以後可以認識更多朋友。

蘇告訴我另外一個對她最有用的服務是飯食供應。她因為遭受肌肉疾病的影響，無法長久站立烹調。午餐膳食

的價格是非常合理的,只有美金2.5元,並且從星期一到星期五中心會提供給老人各式不同的飯食。爾灣市有多個不同的族裔,因此他們提供的飯食不僅有美國食物,而且有時還包括亞洲的食物。所有的飯食皆是低油、低糖、低鹽、低膽固醇,完全符合營養標準的健康餐食。當她身體不適時,其中一個幫助她最多、最有用的其中一個服務就是居家送飯食服務。

老人社區服務中心每日提供三餐熟熱和營養均衡的飯食,交付給獨居而且有困難準備飯食的老人。飯食由社區的義工親自送達,愛心義工告訴我,她從老人眼裡看見了他們的微笑,便感覺他們的任務對他們是很有意義的。一些曾經被幫助的老人也希望幫助其他的老人。「幾項主要研究建議,憂鬱症是造成早期老人痴呆症的一個原因,並且繼續成為相當危險的因素。一項在有老人痴呆症的人與一群沒有老人痴呆症疾病的人分析控制比較。在結合從四項研究的數據之後,他們最後發現,在被診斷有老人痴呆症的人曾經患有憂鬱症的人是沒有憂鬱症的人的1.8倍的高風險比例」(p. 82)。老人有時候其實是非常脆弱的。如果老人社區服務中心活動可以幫助沮喪的老人改變他們對生活的看法,並且提供他們情感的支持,這對所有老人的基本心理健康是非常重要的。

　　在我聽見了蘇的故事之後，認為老人社區服務中心是非常必須的一項服務，它間接地幫助老人癒合他／她們心裡的創傷。有的時候，嚴重的憂鬱症甚至導致自殺。老人人口占全部人口的12％，然而20％自殺的人是屬於老人。可見得老人的確需要特別的給予關懷與照顧，而這些關懷與照顧不只是在身體、生理還有心理方面。有了積極正向的人生觀才是推動良好生活的動力。老人社區服務中心是有能力逐漸改變老人日常生活：他們的腦力、他們的幸福和他們的健康，一種正面精神思考態度明確地會幫助身體健康，特別是老人對人生的觀點影響極大。

　　不僅參加活動改變老人他們對生活的看法，而且連在中心的職員、義工們也都改變他們對生活的看法。其中一項最偉大的服務是職員提供了老人想要的諮詢服務，以及他們想要的活動和計畫。博大的社區服務經驗，提供老人必要方向，解答和瞭解使老人能繼續參與以便適應迅速改變的社會。老人告訴老人社區服務中心的職員他們的需要，而職員就去創造一個節目幫助老人參加不同的活動。當職員幫助老人時，他們也會受到一些想法的衝擊與影響。下列是一些老人社區服務中心義工們的感想。

　　爾灣老人社區服務中心在許多水準上是不可思議的。節目的啟發性，完善的組織，熱情的義工，以及優先

活出魅力
談老人人權

可以立即參與性。有許多可利用的機會，可以直接地衝擊到那些需要協助的老人的生活，這真是難以置信，特別是對於老人他們自己、他們的社區和義工們都認為幫助老人是一項非常榮幸的工作。

——麗貝卡·李

老人義工是一個了不起的計畫組織。努力工作和努力休閒！老人每日活動的參與不僅是慢慢地而且是肯定的產生變化。爾灣老人社區服務中心造成我的生活巨大的衝擊。我應該在幾年前就開始參加！您將會遇見新的朋友，看見新的事物，學會新的文化，非常有成就感並且可以做一些改變。

——Margaret Ramsay

遇見像家人一樣溫馨的人給我的驚人的力量，我的工作是去認識和去愛這些老人，探索美麗和文化是所有一切事物的起點，我在爾灣老人社區服務中心的經驗是令人難以相信的，並且我是非常感激的說：「我是它的一部分。」

——瑪麗安娜

到目前為止，與老人社區服務中心的職員一起工作是我覺得生活最有意義的經驗。老人社區服務中心的職

員在愛德華的領導之下，使中心成為一個偉大的組織。中心的經理非常支持部下，並且為每一個雇員提供一個重要的工作機會。在我的記憶中最美好的部分不只是只有觀看實習而已，並且是實際參與幫助老人。他們（老人）裡裡外外兩者都像是美麗的寶石。他們的微笑和笑聲可以充滿所有房間，並且在你的心中烙印下回憶。我感謝爾灣老人社區服務中心使我這樣的年輕人可以去幫助我們社區的老人。

——查理

與爾灣老人社區服務中心執行長愛德華合照

工作職員極端高效率，我很愉快成為義工，與他們一
塊協助老人！

——埃米莉

我在爾灣老人社區服務中心做過兩次義工，幫忙擺放
布置各種各樣活動場地設定，排放椅子和桌子。我
自己也加入中心舉辦的駕駛安全方案。在上過DSP以
後，我感到可以舒適、安全地自己作長距離旅行。學
會了更多老人駕駛的技能，我現在能更有信心且更大
膽體驗事情。謝謝老人社區服務中心提供給我這個機
會。我計畫一輩子作社區服務中心的義工。

——丹尼爾

當我詢問其中一位老人社區服務中心的職員，是什麼
動機讓她那麼投入並參與許多的活動和服務，她回答
說：「每當在我們認為我們為其他人做出犧牲的時
候，其實最後的結果是讓我們得到一個最巨大的祝
福；我在這個工作上感覺非常榮幸。」

——撒曼莎

從上述我所訪問的老人的看法，我意識到老人社區服
務中心對他們的生活是非常意味深長的。有些老人不但使
用老人社區服務中心，並且貢獻他們的時間來幫助其他老

人。他們也幫助老人社區服務中心的職員分擔一些工作任
務。老人社區服務中心也幫助這些義工有機會回饋社會，
致力他們的時間和精力使這項社區服務對老人更加有用和
不同。爾灣老人社區服務中心不僅衝擊大多數當地老人的
生活和他們對生命的看法，而且也衝擊到工作職員、義工
和社區。

受訪者夫婦合影，兩人皆為87歲高齡

伍、什麼是老人的
權利？

活出魅力
談老人人權

　　人權的產生及發展與國家社會的民主制度，有很大的關係。人權到底是從哪裡所產生的，一直是一個爭議的話題。因為人權是普世的道理，自然而然，人權成為人性尊嚴表達的一個在法律所保障下的權利，如何爭取人權？如何實踐人權？必須透過改革的一種政治過程。

一、人權的迷思

　　常常聽到有人問「什麼是人權？」的問題，其實有時候大家把「人權」的範圍看得太廣泛了。我們在日常生活中學習中文、英語不都是由最基本的單字與發音開始，漸漸地，才利用這些語言來閱讀歷史，與從事寫作思考。人權也是一樣，若不知道什麼是人權基本概念，就將人權掛在嘴邊，就說「我知道人權」是一個相當危險的行為。人權是一個意識但不是政治意識，人權是一個權利而不是權力。人權經常成為攻擊他人與捍衛自己的說詞，其實那都是扭曲人權原本的性質，若每個人都將人權作為自己遇到問題的擋箭牌，那社會必然大亂。

　　多年來，許多國家，人民的努力只是集中在經濟的發展與生活的改善，相對地，卻忽略倫理道德之培育與法律秩序之強化。在台灣，我時常看到當交通遇到嚴重塞車

時，有許多的摩托車騎士會將摩托車騎到紅磚人行道上，一點也不在乎行人的安全。而明明是綠燈，行人正在穿越馬路時，卻有計程車或是私人轎車仍然目中無人地繼續行駛，路人的權利在哪裡？若是路人因此而受傷，誰來負責？為什麼駕駛不懂得禮讓行人呢？

有一位受訪者住在安寧病房，他告訴我，他真的很希望可以早一點知道「人權」這個東西，因為他就可以有更多的時間來表達自己的權利，而不是讓醫生、護士、家人來為他做決定。但是他並不知道他是不是可以做這樣的決定，在面對不可避免的死亡面前，他開始質疑自己的生命意義，他很開心可以從我這裡認識了人權，他要為自己做一個決定。因為從小每一件事，都是父母親安排好的，連生病進了醫院，也是醫生護士的安排，他覺得似乎失去了自我。他問我：「一個面對死亡的病人，還有什麼權利？」我告訴他，「只要有生命，任何在法律允許下的權利，都是你的權利。生命權是在自己的手裡，不是在醫生手裡，也不是在死神手裡。」他非常驚訝地看著我，從他的眼神可以看到更多的喜悅與參與感。

談到生命權，我們人每天活著都要隨時準備死亡的來臨，透過死亡的過程，讓我們體驗到，物質與概念的世界，事實上是有缺陷的。「人權」可以讓每個人活得更

好，更有尊嚴。在不完美中追求完美，但是人若沒有了生命，所有可以享有的權利也就沒有了。而人類在一生中是永遠無法完全滿足所得到的人或物。但是，人權卻是人類應該擁有的基本尊嚴，可以在我們有限的生命中，落實生命的意義。若不知道它的本質，或是忽略的實踐人權的精神，那麼生命是不是會產生某種缺陷呢？

◆人權教育的公共意識型態

人權教育應該是一種生活教育，是一種流動中的公共意識型態而不是只被當作是公民科目或社會學科而已，除了學校教育之外，政府、社會也應該配合瞭解，才能在「相互尊重」他人權利中真正實踐，讓老年人透過參與所產生的經驗，彼此共同行為所形成的互動狀態，進而使人權成為一種自然的「公共性訴求」。創造了一個有效的生活環境，透過互動、交通和實際演練，逐一探索人權領域中的本質及價值。

◆人權是一種價值，是一種潮流

這種潮流可以成為風氣，在人人之間相互平等、自由及尊重下發展，以避免不平等的事件發生，政府亦應籌備一些人權機制管理古禮相關事務，而學校也應積極配合宣

導，絕對不能將人權這樣重要的東西被當作次要。有正確的認識與思考才能以正確的方式去實踐，我認為這個概念是非常重要的。

我們每一個人都有自己不同的思考方式與行為模式，人權是要讓每個人知道如何保障自己與被尊重，因而可以維護自己的權利，相對的也要尊重他人，用理性的思考態度面對人權議題，讓「尊嚴」二字澈底的在老年生活環境中實踐，才是人權應有的精神。

人權如此重要，為什麼有那麼多的人忽視與不重視？因為當前的社會我們並沒有普遍推廣「人權教育」，而政府有些部門覺得人權是破壞性議題，能夠用「算了就算了」的方式來解決問題。然而政府部門，當他們遇到必須利用權力義務來解決的問題時，也可以用「算了就算了」來打發其問題的存在性嗎？此種打馬虎的心理是不正確的。生命是無價的，人權也是無價的。生命中有了人權，才可以真正體會做人的意義。或許，有的人一生從來沒有做過真正的自己，對一些應有權利的忽視，完全是甘願的犧牲與奉獻，不斷地為他人付出。但在面對死亡時，卻希望能夠在最後的過程中，還可以表現自我，那就是人性尊嚴。所以人權，即是一種生命價值，一種為自己奮鬥、努力的價值。

二、老人的權利

　　我已經談論到老人社區服務中心是老人一項重要的社會權利。一部分的原因是因為老人面對許多的複雜生活問題時，真的非常需要立即地協助。「影響上一個世紀老年人的重要趨向性——壽命的增長、延長退休年齡和社會保險與醫療保障的膨脹的消費——容易讓老人找到老人的權利需求的訊息的理由。媒體報導經常是有關老人的議題，大量的觀眾非常有興趣的收集相關資訊來適應他們的生活的問題」（Pampel, 2008: 135）。其中一個當今最普遍的問題就是老人虐待問題。老人虐待問題是由許多的方式產生。

　　老人虐待的法律定義，包括人身污衊，心理或者情感惡習、性虐待、財務管控、忽視、遺棄以及威脅。因此，法院時常可以看見各式各樣的老人虐待案例，如攻擊、騷擾、強姦或是偷竊的刑事案件。「三分之二的犯人經常是家庭成員，通常是年輕的成人，或是看護工。在性別上並沒有重大的區別，1994年50.6%是男性和49.3%女性」（全國老人虐待中心）。而這些老人社區服務中心可以提供寶貴的重要訊息給老人，以便教育他們可以知道哪些重

要的法定權利。幫助老人預防老人虐待問題的發生以及如何保護自己。例如，一些老人被認為不能夠自己照顧自己，並且是在監護之下，監護權能被終止嗎？

據美國律師協會（1996）指出，一個被認為不能夠自己照顧自己的老人，是有可能終止監護權和恢復獨立自主權的，如果他或她恢復健康，但是需要去法庭接受審訊。通常完全恢復健康的例子是相當罕見的，因此必須僱用律師並且需要附上恢復健康的證明。我之所以舉這個例子是讓大家知道美國法庭非常重視老人權利的問題。

老人社區服務中心可以幫助並提供低成本的法律顧問服務，有時還可以提供免費幫助老人填寫表格與幫助老人瞭解一些法律的文書工作。老人社區服務中心是如何執行老人服務？就如之前所提，1965年美國老人法案建立了老化行政管理局。但是老化行政管理局並不直接地提供任何服務給老人社區服務中心。它實際上是由州政府和地方政府來決定提供這樣的服務。在加州，州政府的代辦處負責加州老化部門。老化管理的使命是以社區為基本單位，在一個全面協調、有效的系統中幫助年長的個體，並能維護他們的健康及獨立自主的精神的一項服務。

就如當代哲學家Santayana的觀察，「不能記住過去錯誤的那些人將被譴責，因為他們一再重複它」。權利的產

活出魅力
談老人人權

生肯定是可以幫助我們不會忘記過去一些不公平的待遇。

「一個不同的政府是會提供人類基本需求進而幫助貧窮、盲胞和殘疾的每一個人。因為它是透過聯邦和州政府之間的一個合作計畫，每一州有每一州不同的制度，但是醫療服務和醫療補助確是相同的。一個老人如果他或她符合資格要求，就能接受醫療保障和醫療補助。」（Kenny, 1989: 75）

《人權與民主》作者陳宗韓、劉振仁（1992）提到：「經濟權和社會權要求政府對公民個人的基本生活需要、健康需要、受教育需要、工作和休閒需要等，予以保障；並在個人面臨身體和經濟困難時，給予必要的救濟援助，使人們有免於恐懼和匱乏的權利。」

爾灣老人社區服務中心也是一樣，只要符合年齡要求，任何人都可以使用此機構所提供的服務。例如：能幫助有法律或有財政問題的老人。老人社區服務中心的服務目標可以作為老人中心的使命。當我們逐漸變老，我們的身體健康狀況開始改變，但是我們想要維持的獨立、自我選擇和自我價值的慾望卻繼續存在不變。美國老人社區服務中心致力於提供老人針對的生活和支援服務，幫助老人達到這些需要和慾望，當我們的社會正從青年時期國家轉型為成熟的國家（美國老人社區服務中心）。

我們的服務可以改變每一個人的生命

S. 我們致力於做到讓所有使用我們社區服務的那些人感到安全（Safe）和滿意（Satisfaction）。

E. 工作人員將被授權（Empowered）盡可能達到他們任命的期望，並且表現他們的職業化和責任心。

R. 互相尊敬（Respect）並且盡可能展示可以改變他人生活的同理心。

V. 每一個人的意見（Voice）都非常重要；盡可能的花時間傾聽，懇切的瞭解和願意學習。

I. 將他人的利益（Interest）放在我們自己之前，將我們的熱情和愛心展示給所有的人，我們試著用正面的影響去改變彼此間的生活。

C. 溝通（Communication）是建立團隊精神的基礎。

E. 擁抱（Embrace）並且信任您的同事，對真相絕不妥協。

談老人人權

東德州療養院保健措施條例

　　想要真正地瞭解老人的權利，能列舉出哪些權利是重要的。清楚地讓老人瞭解他們有哪些權利是一個重要的步驟。例如，下列是一個老人權利的清單被張貼在某一個老人療養院（東德州療養院，2001）：

保健措施：

1. 除了合法地限制，老人個體享有在美國憲法和法律保障下的所有權利、好處、責任和特權。老人的權利是在不受干涉自由、壓迫及歧視和報復下行使這些民權。

2. 老人個體有權享有受到正直的、尊嚴的和尊敬的對待，不受種族、宗教、原國籍、性別、年齡、傷殘、婚姻或收入的影響。這表示老人有權利做出關於個人事物、喜好關心、福利和服務方面的選擇；有權利不被虐待、忽視和威脅；並且，可以要求必要的保護措施，有權利選擇監護人或代表，確定不會損失有關個人事物的權利。

3.老人個體有權利不被遭受身體的和精神的虐
  待，包括肉體的懲罰或使用物理或使用化學
  治療方式來控管老人行為，讓老人服從聽
  話，甚至在執行不是應有的醫療治療行為。
  若老人需要以物理或化學治療控制，只有在
  以書面方式的醫師處方或是在必要緊急情況
  下保護老人或其他人不受到傷害。
  醫師處方必須詳加說明使用的情況、控制方
  式和控制的使用期間。除了在緊急狀態，控
  制只能由合格的醫療人員執行。

4.一個智能不足的老人需要由一位法庭任命的
  監護人參加行為矯正計畫，所有使用的克制
  治療方式或有害刺激的用途行為都必須讓監
  護人知情同意。

5.老人個體不能被禁止用母語與其他人或工作
  人員以獲得瞭解任何一種治療方式、關心或
  者服務的目的。

6.老人個體可以抱怨對個人的照顧或治療不周
  到的情況。可以以匿名方式或由老人的委託
  人傳遞。提供服務的人應及時地反應解決怨

言。提供服務的人不能用歧視或採取一些處
罰措施來反對老人的怨言。

7. 當老人個體有需要時，可以有資格獲得私人
隱密性質和有一個專用場所可供接待訪客或
與他人社交，除非提供這項保密性質的服務
會干涉到其他老人的權利。這項權利適用於
藥物治療，書面聯絡，電話談話，家人接見
以及專人的輔導。老人可以寄送和接受未打
開的郵件，並且提供服務的人必須保證及時
將個人的郵件送達給老人，對寄送的郵件能
適當的處理。如果是一個結婚的老人，並且
配偶也可得到相同的服務，夫婦也可以分享
同住。

8. 老人個體可以允許參加社交，宗教或者社區
團體的活動。除非這項參與會干涉到其他老
人的權利。

9. 老人個體可以處理個人的財務。老人可以指
定代理人處理個人的金錢。老人可以選擇如
何處理被管理的金錢，包括貨幣管理、收款
人細節、一份財政授權書，信託或類似投資

方面的問題，讓老人在限制最少的狀況下，選擇如何處理及掌控他的財務。老人若本身無法選定代理人代替處理個人的金錢事務，可以由法院替其指派監護人，監護人必須遵從遺囑的認證代碼、遺產拍賣條款、適用的政策以及符合相關法律規章，代理人必須遵照老人個人的指示來管理金錢事務，適時提供相關財政紀錄和金錢的會計報表。監護人或代理人代替處理個人的金錢事務，並不影響老人個體能力處理個人金錢的行使權利。

10.老人個體有資格要求其個人的臨床紀錄。這些紀錄是私人隱密的資料，未經當事人的同意並不可以被公布，除非法院要求或是當事人轉移到另一個部門。

11.提供服務的人或單位應該充分告知老人個體，使用老人能理解的語言，使其完全瞭解所有有關個人的醫療健康狀況，尤其當個體的健康出現重大的變化時，必須立即通知個體。

12.老人個體可以選擇個人醫師，並且醫師事先

需充分告知可能影響個體的健康的治療或照顧方式。

13. 老人個體可以選擇個人的醫療健康計畫，健康計畫必須詳細描述關於醫療的、護理的和心理、社會的需要以及如何讓老人得到這些需要。

14. 老人個體在經由提供服務的人勸告後，可以拒絕接受藥物治療，提供服務的人必須讓個體明顯、清楚地瞭解拒絕治療所產生的後果。

15. 如果空間允許，老人個體可以擺設、存放和使用個人的財產，包括衣物和家具。為考慮其他老人個體健康與安全起見，個人財物的數量可能會被限制。

16. 老人個體可以拒絕接受任何服務。

17. 在老人辦理入住手續三十天內，老人必須提供以下資訊給服務的人或單位：老人是否有資格獲得醫療保險或低收入戶醫療補助；哪些服務的項目包含在這些醫療險的福利中和有哪些不收費的老人服務或項目。

18. 提供服務的人或單位不可以轉移或讓老人離

開，除非：調動是為老人的福利著想，並且
是在提供服務的人或單位無法提供個體的需
要時，或是個人無法適應提供的服務時，或
是個體的健康完全改善而不再需要服務時；
或是如果調動或讓老人離開危及到，對老人
個體的健康與安全或者對其他個體的健康與
安全；提供服務的人或單位停止經營或參加
償還計畫時，老人個體的照顧或治療；或者
老人個體無法支付帳單，而用合理和適當的
方法通知老人個體支付帳單。

19.除了在緊急狀態，提供服務的人或單位不可
以轉移或讓老人離開，並需要提供一份三十
天搬遷的書面通知給老人，個體在三十天日
期以後，老人的合法代表或者個體的家庭成
員會收到下列的陳述內容：

「提供服務的人或單位打算轉移或釋放個體的
原因；在副本部分列出的調動詳細的原因並列
出調動的執行日期；如果將調勤個體，列出
個體將調動的地點；並且個體有權利申訴以
及告知申訴的方法及應該申訴的對象。」

> 20.老人個體可以透過生前遺囑,執行自然死亡
> （第672章,健康與安全代碼）:在醫療保
> 健第135章法條下,執行一份持久的醫療保
> 健授權書,民事用實踐和修改代碼,或是預
> 選一位監護人,如果老人個體變得不能勝
> 任,監護人可以代為做出有關個體醫療保健
> 的決定。

　　愈來愈多的人比上一代長壽。「我們需要改變目前
我們的想法,如何度過我們的餘生,以及想當什麼樣的老
人,過什麼樣的老人生活的問題,將成為我們在面對我們
的生活中的重要挑戰」（Dychtwald, 1990: 235）。其他國
家文化又怎麼看待晚年,有許多不同的看法。歷史上,中
國文化視祖先為家庭的主要起源者。「大多數人的看法都
受孔子（551-479 BC）儒家思想的影響,孔子是中國最偉
大的哲學家和賢哲……」（Langone, 1991: 111）。他舉出
美國家庭和中國家庭對年長的人最典型的不同在於小家庭
和大家族的生活。由於美國家庭,這些家庭成員分開的結
果,許多年長的美國人最終是在老人院生活,而部分的老
人卻是獨立自主的生活。

「儒家思想也強調祖先的重要性，對中國人怎樣看待老人有很深的影響」（Langone, 1991: 113）。而中國的方式，是讓孩子或其他家庭成員成為提供食物、住所、衣物和金錢給年長的人的來源。

雖然當前多數亞裔社會，家庭還是主要提供老年人的主要支持者，隨著出生率的下降，小家庭變得更小，都市化的趨向以及多世代家庭的衰落，老人社會福利事業的開發，變得非常重要。一部分的原因是必須的趨勢；一部分的原因是退休金和退休計畫的不夠完善，因此年長的人必須依靠他們的孩子來度過晚年。但是，小家庭和少子化衝擊到目前大部分人的生活，唯有政府提供完善的社會資源設施，並且透過老人社區服務，支持老人生理和心理的健康，才能幫助老年人維持生活的獨立性。然而，仍然有許多短期老人的問題立即需要解決。「老年人在我們的社會中是成長最快速的一群人口。我們的公司和工商業界漸漸的發現老人消費者的高需求性。而只有當市場不管任何消費者的年齡或能力時，產業才會開始因應與所有人民生活相關的需求」（Moore & Jerome, 1990: 22）。當企業已將消費者目標轉向老年人口時，國家是不是也應該提供相關對應的政策來面臨高齡社會所帶來的問題？

陸、老人社區服務
中心是一個老
人的社會福利

　　社會福利是來自契約論中政治和哲學的概念。它跟基本人權的自然法則相反，社會福利是在實際法定權利的創立之前由政府通過的書面制定法則。例如：1935年社會安全法案和1965年美國老人法案。

　　長期解決老人的問題的方法就是讓年輕的下一代能夠真正地重視並且讚賞他們的長輩。當社會對老人有一顆感恩的心，並且能夠讚賞老人過去所做的貢獻，大家有這樣的共識，就可以長期解決老人被歧視的問題。老人社區服務中心的存在形式對老人的人權保護是一個重要的工具。老人虐待和忽視老人的情形日益嚴重，因此它是一種重要性資源，可以幫助老人認知這方面的問題。大部分老人透過老人社區服務中心的終身教育學習規劃，而變得更加的獨立。「老人法律問題的服務，因為在公共政策目標的原有衝突而變得更加複雜。維護老人的自治權權利的一個目的就是可以獨立地行動和做出自己的選擇。另一個目標就是保護脆弱的老人避免受到傷害，而形成自己忽略或被他人長期的虐待」（Frolik, 2010: 8）。

　　老人虐待是老人人權最常發生的問題之一，虐待長者有不同的方式。其法定定義可能包括，身體、心理或情感虐待、性虐待、疏忽、遺棄、經濟剝削、甚至於自我忽視。在美國法院，時常會看到各種虐待長者的刑事案件層

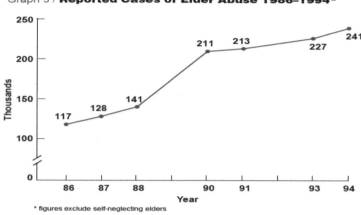

Graph 3 / Reported Cases of Elder Abuse 1986–1994*
250
200
150
100
0
Thousands
117
128
141
211
213
227
241
86
87
88
90
91
93
94
Year
* figures exclude self-neglecting elders
Source: National Center on Elder Abuse, Elder Abuse Information Series #2

圖3　1986-1994年老人虐待申報案件數字

出不窮。而「肇事者通常是家庭成年子女，或是那些作爲服務照顧者的看顧者」（全國老人虐待中心）。

當老人遇到這類的問題時，往往考慮到加害者就是自己的家人，因此不敢報警或是姑息，不知道如何處理情緒困擾，有時反而造成悲劇。

從**圖3**可以發現老人虐待的情形有愈來愈多的趨勢，倘若沒有老人社區服務中心，則老人虐待的情況可能會更嚴重。

一、老人社區服務中心是老人的權利

　　如果沒有老人社區服務中心，將會發生什麼事？最近，在紐約市，由於缺乏政府預算，超過一百多個老人社區服務中心將面臨關閉的威脅。2011年3月11日，支持者和示威的老人在紐約市政廳前面抗議。其中的一個抗議者，Rose Tamari，84歲，表示她已經使用Jasa西邊老人中心有二十年了。她說老人中心是她多年來唯一的生命線，並且非常擔心，如果它關閉後，不知該怎麼辦。「因為我的丈夫過世了，我是一個獨居老人」，她打電話到WNYC電台告訴所有的聽眾，訴說：「並且，親愛的，我到這裡跟一群人一塊示威，所以我可以感覺我還活著。」他們請求紐約市的市長尊重他們的權利和幫助他們克服熬過資金困難的時期。在紐約的五個自治市大約有超過三百個老人中心。根據市政府老年部門的委員Poali表示每天大約有30,000個紐約人使用老人中心。

　　中心提供免費食物、社會福利和陪伴照料。對於許多城市的低收入年長居民，他們在中心接受的食物是他們唯一的餐食。「它不僅僅是關於膳食」，市議會女議員和在老年委員會的女主席Jessica Lappin說，「這些中心是被家

人隔絕老人的第二個家。許多這些老人坐在同一張飯桌，結交與自己同樣處境的朋友，並且有著血濃於水，互相依靠的持久友誼」、「家庭和宗教是兩個最老且為人類所知的機構」（Kenny & Spicer, 1989: 133）。通常，教會和家庭是老人主要的生活依靠。但是，在紐約市，其中一個75歲的抗議者，何先生說：「我沒有任何家庭或宗教信仰。老人社區服務中心就是我的家庭。我愛老人中心比我愛我自己的家還多。如果你要求我離開老人中心，我要去哪裡？才能找到可以使生活過得有價值、有意義呢？」之後，他情不自禁的流下眼淚，許多其他抗議的老人情緒激動地表示同意他的說法，並且也有相同的感受者。大家齊呼：「我們需要我們的老人中心。」

其中一個90歲的老人，玉塘女士，瓜迪亞老人中心的帶領者，她說她已經使用中心十九年了，現在中心有6,500名成員。但是在二十年前只有190名成員。

「雖然它非常擁擠，但是它給老人帶來許多幸福的回憶。如果政府關閉老人中心，並且使我們沒有一個可以去的地方，我將每天來這裡（市政廳）抗議。」

紐約幾個自治市的紐約居民，因為一百零五個老人中心可能面臨關閉的問題，在3月11日舉行集會抗議。市政府的老化部門計畫關閉幾乎是三分之一的老人中心。除非

市政府恢復2,500萬元的經費補助，老化部門計畫今年夏天將關閉三分之一的設施。

「今天，Bloomberg市長說沒有人比我更支持老人中心，我認為應該依然開放來協助需要的老人。Bloomberg責備阿爾巴尼州政府裁減經費，但是當他面對州長Cuomo挑戰財政的問題時又備感同情。你又能說什麼呢？你會建議作什麼樣的妥協來讓老人中心繼續開放呢？你對Bloomberg市長，同意老人中心繼續開放的評論又有什麼樣的反應？阿爾巴尼州政府或市政廳最後會提供需要的資金嗎？」（Hegner, 2011）

我可以完全理解這些老人，已經將老人社區服務中心認為是他們的社會權利，特別是已經依靠這項社區服務許多年的老人。當某人想要奪走一項重要的服務時，它也正是奪走他們的權利。即使老人社區服務中心在美國憲法裡不是被保證的一項權利，但它對老人的生活仍然是一項重大的權利。為什麼他們要為此事件走上街頭去爭取他們的權利呢？為什麼他們願意與政府對抗，維持老人社區服務中心的存在性。幸運地，在南加州的老人社區服務中心還未面臨到任何關閉中心的威脅。但是，如果他們遭遇到跟紐約市相同的情況，他們也會像紐約市的老人們一樣到市政廳抗議，去爭取他們的社會權利。許多人認為對老人服

務的經費一定要來自某處，並且通常是來自年齡在65歲之下的年輕人。但是Frolik（2010）發現「世代正義的概念造成許多的誤解，多少年輕人積欠老人？什麼是政府援助的正義分配？」（p. 9）納稅人已經貢獻給年輕人相當數量的金錢，而這些金錢大部分來自工作多年的老人。

　　大部分的年輕人可能早就忘記老人，已經幫助他們得到免費的國民教育以及即有的社會福利。有些年輕人甚至認為老人因為老了，更應該立刻退出職場，讓年輕人有發揮的空間，年輕人覺得老人應該將所有的機會開放給年輕人。這樣的看法公平嗎？幸運地，紐約市在2011年3月17日，最後終於決定不關閉所有的老人中心。然而，他們卻被設法減少開支，而被削減一些服務的預算經費。但是老人仍然興高采烈地慶祝政府聽見了他們的聲音，並且認同了他們繼續擁有老人中心的權利。當政府經費短少時，為什麼某些人想要關閉老人社區服務中心呢？這些反對的人認為老人應該整天待在家裡，而且應該不愛去任何地方？關於對老人的看法總是相當主觀，例如外表、能力、腦力以及經常會用這些理由來取笑老人，批評進而侵害到他們的權利。

　　　我開始喜歡我的拐杖；

　　　我的眼力開始衰退；

我的笑聲開始微弱無力；

我的嘆氣聲開始變長；

我開始對我的衣著粗心大意；

我開始節約我的金錢；

我開始增長智慧；

我的年紀開始增長——是的，

我開始變老！

——約翰‧戈弗雷‧薩克斯

（John Godfrey Saxe, 1816-1887）

　　這是一首描述老人生長問題的幽默詩選。許多人認為老人因為太老，以至於不能做任何事情。但是這些人卻忘記他們某一天也會變老。對於必要的社會福利事業（老人社區服務中心），因為預算不足而取消或縮減經費是一個相當短視的做法，因為從長遠看，它是一項慈善事業。根據塞繆爾‧約翰遜（Langone）「大多數的人，對老人多半是存有負面的看法，都會假設年紀大的人，他的智力也會跟隨著他的年紀一起退化。如果是一個年輕或中年人，當他離開公司時，忘記他的帽子放在哪裡時，並沒什麼大不了的；但是，如果同樣的事情發生在一個老人身上，大家會聳聳他們的肩膀，並且確定地說，『他的記憶退化了』。」（p. 119）

　　實際上，老人社區服務中心對老人來說的確是一個社會權利。人們在年輕時有兒童權利公約、青少年人權。重要的人權包括：有權利接受教育、得到充分的營養、醫療保健、文化權和社會權。如果權利的目的是讓每一個人充分發揮人的潛力，很清楚的，老年人也應得到相同的目的。

　　如果人們從年輕時開始就擁有這些權利，當他們從小孩子成為老年人時，他們的權利不應該因為變老而消失或減少。孩子和老人的需求是不一樣的，並且，如果老人不能保護自己，他們的權利也很容易地被違規侵犯。

　　下面是幾個保護老人權利保護的計畫，藉以防止侵害老人的權利（AoA），和防止老人虐待、被忽視和被威脅利誘的機制。

1.全國老人虐待中心。
2.長期緊急關懷救助。
3.法律協助。
4.退休金輔導和訊息程序。
5.老人深入醫療保障巡邏。
6.全國少數老化組織技術支援計畫。
7.婦女和退休安排計畫。

　　大多數的老人社區服務中心，當遇到需要以上這些服務的老人，都會設法與社會工作者聯繫，進而落實這些保護他們權利的計畫。

　　其中，老人社區服務中心的社區終生教育規劃活動對某些老年人是非常需要的，有些老人想要知道瞭解某方面的公共福利政策；有什麼義務和權益是與這些公共福利政策相關的，如何上訴一個已被否定的案例，解僱或是遇到薪水少給付以及其他問題，都能夠立即請問老人社區服務中心的法律義務律師，得到具體的訊息，進而幫助老人減少憂慮和負擔。

　　《人權與民主》作者陳宗韓、劉振仁（1992）認為：「社會上老人問題仍相當嚴重，老人自殺、老人被棄養事件時有所聞。這些事件其實不僅是單一個案，而是有其結構性、系統性的問題。據衛生署資料顯示，我國65歲以上老人自殺死亡率，為歐美國家的1.5到2倍。」若老人有正確的人權基本認知；在受其壓迫傷害時便會即時說「不」，使傷害停止。而社會人士也應該加強正確的人權素養，因此人權教育不只是年輕人所享有的，也是全人民對自己的一種保障權利，大家彼此共識，日後社會必將更加和諧。

　　老人需要協助，使他們知道自己的法定權利、終生教

育的權利、健康的權利、工作的權利（如果生活需要）、
掌控與管理他們自己財務的權利、休閒和社交活動的權利
等。這些所有的權利皆被認爲是老人的權利。從以上資料
顯示，我認爲老人需要透過政府的公共福利政策，才能夠
眞正落實他們的社會福利權利，如圖4所示。

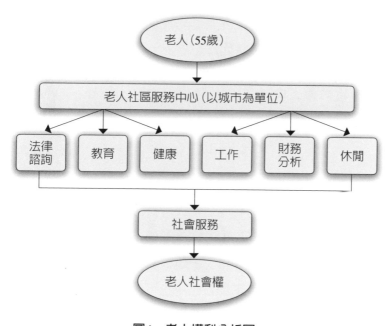

圖4　老人權利分析圖
資料來源：作者自行繪製。

二、生活的尊嚴——老人社區服務中心改善老人生活方式的三大原因

　　老人社區服務中心的重點是在協助某些老人能夠走出悲傷、寂寞和情感恐懼的症狀，因而活得更有尊嚴。透過以上的分析，我發現了三個重大原因來解釋，為什麼老人社區服務中心對老人是如此的重要。

◆生活的獨立性

　　老人個人不僅能夠享受退休生活，並且能夠保持活躍的心情，自己可以照料他們自己，增強其獨立性，繼續參與他們想要從事的日常生活活動。對於老年人的健康方面，他們可以繼續進修，並且保持自己身心健康和愉快。事實上，大多數在老人中心的義工們正是屬於這個類別。他們可以得到更多的知識，把他們自己照料比以前更好。而且，他們不僅可以幫助自己，也可以幫助其他需要幫助的老人。從幫助他人的樂趣中學習到肯定自己的意義。

◆生活的協助

　　有些老人也許偶爾在日常生活中需要一些幫助，例

伊舫女士親自下廚，請我們享用

如：穿戴衣物、到銀行、烹調飯食等等。這些需求可能是
臨時的健康問題、開刀或者是由於長期傷殘等的原因。老
人社區服務中心可以提供需要協助的老人一些社會福利資
訊，例如：如何尋找合格的護理人員或臨時看護服務。老
人社區服務中心更是介於社會工作者和社區老人之間的一
個無價的連接機構，當符合資格的老人需要社會工作者的
協助時，老人社區服務中心將會主動通報社會局，請求更
進一步的專業協助。

◆輔助記憶功能

老年癡呆症（Alzheimer）的老人經常需要特別的照顧服務、食物、膳宿和家人的精神支持。精神健康服務不僅是對老年癡呆的老人非常有用，並且也可以幫助他們的家人。社會工作者可幫助符合資格的老人，得到這些額外的服務。目前，有很多老人在候補名單上登記。而老人社區服務中心其中的一個好處，是可以幫助老人防止或延遲記憶功能加速退化。根據軼事記載，一個活躍的頭腦，可能幫助防止老年癡呆症狀的產生，以及可能成為補償幫助的作用。然而，因為老年癡呆的起因目前還是未知數，並且是一個無可救藥的疾病，目前所有有利的治療只能是延遲或補償它的作用。

老人社區服務中心時常透過演講或不同的節目，來提供給老人本身及家庭成員許多最新的訊息，避免家庭成員虐待老年癡呆症的老人的情形產生。

如果老人社區服務中心關閉或不存在，誰可以提供保護老人權利的功能？誰可以扮演在政府之間的重要連接角色？如果老人他們需要幫助時，誰可以幫助那些社區需要幫助的老人？社會如何讓所有的老人維持健康和獨立的狀態？

老人社區服務中心前掛的旗幟──國旗、州旗、城市旗

　　根據美國國家科學院（曼頓等人，2006）的研究，研究報告的作者發現，美國人年齡在65歲及以上的慢性殘疾者，在於1982年和2004年之間顯著的下降。這項研究表明，在二十二年的時間內，長期殘疾人數的下降顯著的足夠幫助穩定醫療保險和醫療補助計畫，也就是指老年人和低收入醫療保險計畫。這項研究表明，老年人比以前更健康，在這種情況下，有助於減少這些醫療保險計畫的財政流失。然而，活躍老人的數量比以前的時代增多，他們仍

然有能力可以豐富他們的生活。因此，政府應該盡可能地協助老人學習如何長時間獨立生活，這對社會是一項有用的政策。有些國家，人民很喜歡看病，動不動身體有一點小毛病，就要上醫院檢查身體，如果每一個人隨時隨地、任意地消耗健康保險資源，那麼不論國家的健康保險制度有多麼地完善，最後必會走上破產的結局。

在Dychtwald博士（1999）所著的《年齡的力量》一書中，闡述他對年齡證成老人生活的哲學看法。他建議：「在老人歲月的階段中，認真思考你要成為什麼樣的老人。什麼樣的生活技巧和生活經驗將幫助你不會與社會脫節。在參加美國退休老人協會（AARP）成為會員之前，仔細考慮你所應得的福利是否將有益於社會，並且不論協會是否批准你認為合理的老化看法。不論社區和工作場所，是否提供老人資源？應該學習如何將自己溶入，並且參與以及瞭解如何能將自己投入與家庭相關的任何事物。避免將退休作為是一個延長假期的想法，而且認為是非常理所當然與值得做的一件事。晚年其實還是應該維持一個持續成長、寬厚、智慧和愛的時期」（p. 232）。

世界衛生組織主任中島弘熙（Hiroshi Nakajima）表示：「健康與教育成就、生活水準和經濟生產力，密切相關。透過獲取與健康有關的知識、價值、技能和實踐，以

及從孩童時期開始追求健康的生活和工作，作為改變社區
健康的代言人」。

「人權哲學試著去審查人權基本的概念，並且迫切地
看它的實質內容和正義。利用幾種理論方法來推進解釋如
何，並且為什麼人權會成為社會期望的一部分」（Fagan,
2010）。

人權是一種思想，思想可以化為力量。這種力量可以
形成動力來實踐社會的基本期望。透過完善的制度，達到
人與人之間的相互尊重，包容不同的文化、理念與信仰。
在多元化的社會中尊重人權的基本價值，才可昇華生命的
品質。

Nussbaum引用能力接近理論，找尋確定作為人類尊
嚴的基本原則是什麼？例如對身體健康的權利、宗教自由
的權利和與大自然和諧的能力以及享受休閒活動的權利。
她創造了一種可供選擇的社會契約理論的想法。她的想法
主要是根據能力的想法。其中的一項能力是遊戲「遊戲，
能夠開心的笑，可以盡情享受休閒活動」。

另外Nussbaum提及的另一能力與老人中心權利的想
法相關連的就是：健康的身體，身體健康，充分地營養，
有適當的居住環境。老人社區服務中心是實踐老人能力的
一種方式。例如，滾輪餐食的用意即是送食物到獨居的老

人家中避免他們挨餓。

從紐約抗議老人社區服務中心的事件和爾灣的老人社區服務中心的觀察中，許多老人認為老人社區服務中心在今天現代的社會，是一個不可或缺的老人社會福利。

政府應該設身處地去瞭解老人的生活需求，平時對一些邊緣化弱勢的老人就應該組織小組會議討論處理方式，多花些時間溝通，瞭解老人的想法並且講述一些激勵向上的事蹟，鼓勵老人，幫助老人瞭解自身的問題，透過時間可以改變人的想法，而執行者亦要立即反應執行的困難與限制，適時通報輔導機制予以協助。

老人社區服務中心明確地改變老人對生活的看法。樂觀和正面想法不僅可以提高老人每日活動的活動力，並且可以在他們社交生活中提供了一種重要的資源。社會權利對每一個人來說，應該是平等的，沒有年齡的問題；因此，老人社區服務中心就像兒童、青少年中心一樣重要，是一項屬於老人的社會福利，也是一項老人社會權利。

柒、結論

活出魅力
談老人人權

　　本書的主要目的是檢視由加州市政府，所提供的老人社區服務中心對老人的好處。老人社區服務對於幫助老人變得獨立，和比較不倚賴他們的孩子或家庭是一項不可缺少的服務。「在二十一世紀，美國老人最好事先做好如何獨立生活的準備」（Bender, 2001: 30）。 而知識它卻可以幫助老年人增強其自信心與其自尊。老人可以從老人社區服務中心得到想要獲得的資訊，用這些訊息來應付生活問題，而不是道聽塗說，錯過了解決問題的關鍵期。

　　「如果科學家可以成功的透過遺傳工程的技術來改變的細胞操作因而阻止老化過程，那將是一項真正的奇蹟」（Langone, 1991: 155）。沒有人可以停止老化，因為每一個人每天的生理機能不斷地在退化。

　　而唯一可以改變老化就是改變一個人的想法。例如，我遇見了一位名叫Marky的女士，她是在鞍山紀念醫療中心做關懷協調員。當我開始遇見她時，我覺得她是一位大約60歲的女士。她告訴我有關於她的工作內容，包括協助一些人如何面對他們自己配偶在醫院過世時的困難時期，她並且非常熱心的告訴我，她會盡可能幫助這一些人，並且提供一些關於法律的相關文件以及情感上的支持。我被她充滿活力和滿腹博學的知識而吃驚不已。

　　當我發現她已經是一位83歲的曾祖母時，我更驚訝

了。她說她有三個孩子並且是一位曾祖母。她也使用老人社區的服務。她說：「如果你認為自己很老時，你就會看起來很老；如果你認為你自己是年輕的，你就會表現的像年輕人一樣。」她時常在她所居住城市的老人社區服務中心運動及上課，她並且說，即使她是一位老人，從老人社區服務中心，因為透過社交活動的參與，可以讓她維持一種年輕想法的傾向。

Nietzsche指出，我們「只是創造愛的影子和愛的幻覺」。並且，當我們只愛大自然既有的及所有的存在事物時，我們就不用要求作任何的犧牲及擔心任何事物。但是老年人在經過終身、犧牲奉獻的行為中，才學會了愛的意義，透過與孩子、孫子、兄弟、姐妹和老朋友的親情中，傳達愛的真諦。「當時間燃燒生命時，人生最真實而重要的事；經常是與瞬間轉變和短暫事物相對的，更加能清楚看到。如果以前我們不知道，但我們現在知道；如果以前我們不知道，原來愛才是人間最重要的，而愛才是恆久忍耐……」（Smith, 1995: 224）。

透過這次的研究才發現老人社區服務中心之所以可以完全落實，是因為愛心者的捐款、愛心義工、愛心工作人員……都扮演著重要的角色，這些人除了愛自己及自己的家人之外，還可以愛眾人，因為這些人的博愛精神及愛

心才能將老人的需求普遍落實，進而透過老人社區服務中心，實現行使老人權利的夢想。他們將愛散播人間，讓所有老人在最後的人生階段，感受到溫暖。

「因為我的母親住在退休社區，我才有機會看到在美國的老人。我看到那些人過去生活中沒有許多資源，從年輕的時候就對生活感到無趣，而且迅速變得無奈淒涼。我並且發現，當一個人變老時，迫切需要他人或朋友的關心與幫助。如果你只在乎你自己，認為整體宇宙將以你自己為主時，你便會將宇宙成為你的痛苦，並且開始抱怨怨言，當宇宙成為你的怨言時，便開始認為它不是一個非常美好的居住地方。但是你若將焦點放在有趣的事物上，去感受世界外在形勢的變化；有時，宗教信仰是非常重要的寄託；對他人、社區感興趣；能真正地分享，與人分享你的憂慮以及你的驕傲」（Leonard, 1996: 124）。

有些人常常只看到個人的痛苦，無法感受到其他人的無奈，時常認為自己才是世上最倒楣的受害者，一天到晚怨天尤人，希望藉此理由得到別人的關心。如果能夠忘記自己的不幸，也能看到別人的苦悶，努力堅強的面對問題，必然有意外的喜悅發生。但是，人一旦失去了積極、正面的能量毅力，往往容易喪失對人生周遭事物的興趣與奮鬥的精神。

　　人是群居的動物，不論年輕、年老與否，每個人都需要與他人互動。進而讓自己的生命感到充實。老人社區服務中心可以讓老人有社交、學習、資源、瞭解老人權利及關心世界的機會。老人社區服務中心可以協助老人度過生命中的難關，讓一些對人生感到失望的老人重新出發，追求美夢。

　　老人人權包含有許多不同種老人的權利。然而，權利不是免費的消費。提供老人及落實老人的社會權利，才可以影響他們改變對人生的看法，進而改變他們的生活，這項服務是非常根本及重要的社會福利。

　　敬老尊賢是對老人一種道德規範的認同，因為有老人他們過去多年對社會的貢獻，人們才有目前安定的生活，政府更需要充分地重視老人，以及盡可能地提供更好的老人社交休閒活動場所。

　　老人社區服務中心是Maurice Cranston談論的其中一個積極權利的類別，當他談論了積極權利（人的某些類型的權利是與社會和文化的機會以及服務和經濟的標準相關），以及在提出社會和經濟權利與公民和政治權利作比較時，他認為社會和經濟權利不是真實的人權的理論，廣泛地被其他學者討論。

　　他反對經濟和社會權利的論據，不僅在政治或一般的

辯論，更是一種哲學思考的討論。但是Donnelly（2003）
卻爭辯，Cranston認爲國際公認的經濟，社會和文化權利
未能達到普遍性測試的要求和至高無上的重要性標準是一
種完全的錯誤。我個人完全同意Donnelly的說法。

　　因爲，「Cranston爭辯說，他認爲經濟和社會的『權
利』是一種烏托邦的說法，它在邏輯上並不合理。然而，
『能』在『應該能』是不可能的事；除非是完全不可能
的，即使是『不可能的』的事，你仍然應該去試試看。對
於實踐經濟和社會的權利的障礙，其實，是因爲政治」
（Donnelly, 2003: 29）。Donnelly的論據認爲政治，它是
阻止社會和經濟權利的實施的原因。他並且用食物配給的
例子來說明：世界足夠的食物應該可以供應給每個人，但
是政治的因素造成資源分配的不平等。要不要實施經濟和
社會權利的做法在於政客的決定。

　　美國在簽署了最重要的國際條約，但卻未被批准——
保護經濟和社會權利，包括在經濟、社會、和文化的國際
權利公約。美國在《世界人權宣言》上，扮演起草的重要
角色（UDHR），聲明表示它對歷史的承諾——經濟和社
會權利應該與公民和政治權利同等立足的地位。

　　引述《世界人權宣言》（UDHR）第二十二條：

「每個人，作為社會的一員，有權享受社會保障，透
過國家努力和國際合作並依照各國的組織和資源情
況。並有權享有受他的個人尊嚴和人格的自由發展所
必須的經濟、社會和文化方面各種權利的實現。」

人權是普世的

因為老人社區服務中心是屬於一種社會福利，而社
會福利是經濟和社會權利其中的一部分。社會福利權利被
認為是一種積極權利，所謂的積極權利是由國家所提供的
一些福利制度措施。因此，老人社區服務中心應該是像人
權一樣的普世。老人社區服務中心對老人的健康和福利是
相當重要的，對於年邁老人提供相關訊息和具體需要協
助，並且可以指引、啟發老人們如何正面思考人生問題，
是一種像人體肌腱一樣重要的地方社區福利政策。這也是
政府應該為它們的老年公民做的事情，我希望這個理念，
可以幫助對老人社區服務中心感興趣的國家。由於老人人
口的快速成長，我更希望老人社區服務中心在全世界各個
國家都能落實。

附　錄

一、湖景老人中心每日課程活動表（六月份）

星期	時間	活動
週一至週五	11:30 am to 1 pm	玫瑰園
週一至週五	8 am to 6 pm	老人會
週一／週三／週五	8 to 9 am	健行
週一和週五	5 to 6 pm	乒乓
週一	10:30 to 11:30 am	歌唱
週一	4:30-5:30 pm	國際標準舞
週二	8 am to 2 pm	關懷小組
週二	9 to 10 am	長壽健身運動
週二	9 am to Noon	國際手工藝
週三	10:30 am to Noon	球類運動
週三	10 to 11 am	義工時間
週四	12:30 to 3pm	賓果遊戲
週四	2:30 to 6 pm	乒乓
週四	4:30 to 5:30 pm	打坐
週四	10 to 11 am	長壽健身運動
第二和第四個週四	Noon to 1:30 pm	音樂與舞蹈
週四	12:30 to 3:30 pm	韻律操
週四	2 to 4 pm	茶舞
第三個週四	2 to 3:30 pm	下午茶（每人美金1元）
週四	6:30 to 8:30 pm	旅遊簡介
週五	10 to 11 am	友誼拓展

星期	時間	活動
週五	10:30 to Noon	桌球
週五	11 am to 3:30 pm	撲克牌
週五	12:15 to 3:15 pm	電影欣賞
週五	1 to 2 pm	國際標準舞高級班
週五	2 to 3:30 pm	瑜伽
週五	3 to 5 pm	多功能運動
第一個週六	7 to 10 pm	週六舞蹈

※以上時間、活動皆可自由變更。

二、蘭喬（皇家）老人中心每日活動時間表（六月份）

星期	時間	活動
週一	9 to 11 am	初級橋牌
週一	10 to 11 am	長壽運動
週一	1 to 5 pm	乒乓
第三個週二	9:30 to 11:30 am	國際事務討論
週二	Noon to 4 pm	中級橋牌
週二	1 to 4 pm	多功能運動
週三	9:30 to 11 am	瑜伽
週三	11 am to 3:30 pm	橋牌
週三	1 to 5 pm	乒乓
第一個週四	10 am to Noon	電影欣賞
週四	8 to 9 am	步行
週四	9 to 10:30 am	健行
第一個和第三個週四	9:30 to 11 am	寫作
週四	2:30 to 5 pm	乒乓
週五	9 to 10:30 am	瑜伽
週五	11 am to 1 pm	下棋
週五	11 am to 1 pm	經驗橋友
週五	1 am to 4:15 pm	撲克牌
週五	3 am to 5 pm	舞蹈教室

※以上時間、活動皆可自由變更。

三、爾灣湖景老人中心設施圖

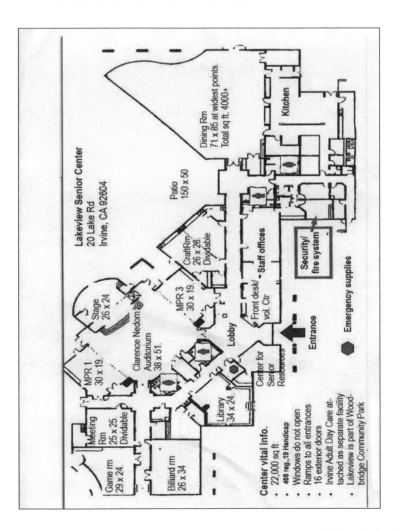

四、爾灣蘭喬（皇家）老人中心設施圖

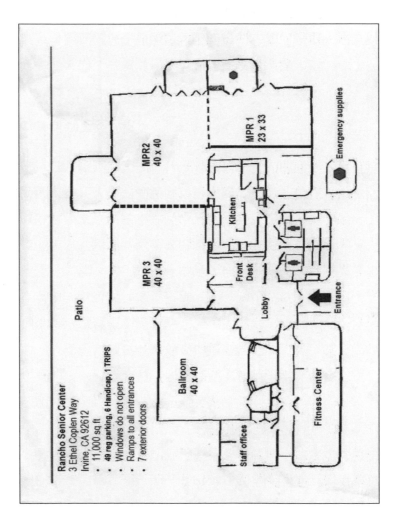

五、老人服務相關機構資訊

行政院消費者保護委員會www.cpc.gov.tw/fp.asp？id=697

內政部社會司老人福利服務http://www.moi.gov.tw/dsa
地址：台北市徐州路5號7樓
電話：02-23565211
傳真：02-23566225

中華民國老人福利推動聯盟www.oldpeople.org.tw/ugC_
WelfareTopic.asp
地址：104台北市中山區民權西路79號3樓之2
電話：02-25927999
傳真：02-25989918

樂齡生活事業股份有限公司（L'elan Enterprise Co., Ltd.）
地址：台北市大安區信義路四段45號10F-1
電話：02-27011766
傳真：02-27010234

台北市長期照顧管理中心
地址：10444台北市中山區長安西路15號3樓
市民熱線1999按9或撥電話02-25222202
傳真：02-25111169

活出魅力
談老人人權

台北市生命線協會www.lifeline.org.tw
吐露心聲e-mail: lifelroc@ms25.hinet.net
電話：02-25024242

社團法人國際生命線台灣總會www.life1995.org.tw
地址：台北市南京東路4段183號9樓之1
電話：02-27189595
傳真：02-25473589

老人諮詢服務中心
老朋友諮詢專線：0800228585

社團法人中華人權協會
e-mail：humanright@cahr.org.tw
地址：100台北市杭州南路一段23號4樓之3
電話：02-33936900
傳真：02-23957399

新北市政府社會局老人福利科http://www.sw.ntpc.gov.tw
電話：02-29603456分機3740/3766

我的E政府www.gov.tw
地址：台北市中正區濟南路一段2-2號8樓
電話：02-23419066
傳真：02-23979990

參考書目

西文資料

Administration on Aging (2011). Retrieved from http://www.aoa.
gov/AoARoot/Index.aspx

American Bar Association (1996). *A Professional's Guide to
Alternatives to Guardianship*.

Bender, D. , & Leone, B., (Eds.) (2001). *An Aging Population:
Opposing Viewpoints*. San Diego, CA: Greenhaven Press.

Cranston, M. (1967). "Human Rights: Real and Supposed," In
D. D. Raphael (Ed.), *Political Theory and the Rights of Man*.
Bloomington, Indiana: Indiana University Press.

Donnelly, J. (2003). *Universal Human Rights in Theory and
Practice*. Ithaca, NY:Cornell University Press.

Dychtwald, K. (1990). *Age Power: How the 21st Century Will be
Ruled by the New Old*. New York, NY: Tarcher/ Putnam.

East Texas Home Health (2001). *Rights of the Elderly*. Retrieved
from http://www.ethhc.com/patient_rights/rights_of_elderly.
htm.

Fagan, A. (2010). *Human Rights. Internet Encyclopedia of
Philosophy*. Retrieved from http: //www.iep.utm.edu/hum-
rts/#SH4b.

Friedan, B. (1996). Society's Negative Perception of Aging is
Erroneous. In C. Cozic (Ed.), *An Aging Population* (p. 181).
San Diego, CA: Greenhaven Press.

Frolik, L., & Whitton, L. S. (2010). *Everyday Law for Seniors*. Boulder, CO: Paradigm Publishers.

Hegner, S. (2011). *New Yorkers Protest Planned Senior Center Closings*. Retrieved from http://www.ny1.com/content/135011/ new-yorkers-protest-planned-senior- center-closings.

Henkin, L. (Ed.) (1981). *The International Bill of Rights: The Covenant on Civil and Political Rights*. New York, NY: Columbia University Press.

Kenny, J., & Spicer, S. (1989). *Elder Care*. New York, NY: Prometheus Books.

Lakeview Senior Center, City of Irvine (n.d.). Retrieved from http:// www.cityofirvine.org/cityhall/cs/commparks/cparks/cparks_ lakeview.asp

Langone, J. (1991). *Growing Older: What Young People Should Know about Aging*. Boston, MA: Little, Brown and Company.

Leonard, G. (1996). The Elderly Can Enjoy a Healthy Old Age. In C. Cozic (Ed.), *An Aging Population* (p. 124). San Diego, CA: Greenhaven Press.

Manton, K., Gu, X., & Lamb, V. (2006). Change in chronic disability from 1982 to 2004/2005 as measured by long-term changes in function and health in the US elderly population. *Proceedings of the National Academy of Sciences of the USA*, Vol. 103, No. 48, 18374-18379.

Megret, F. (2010). The Human Rights of the Elderly: An Emerging Challenge. Retrieved from http://www.thehealthwell.info/ node/13197.

Moore, P., & Jerome, M. (1990). The Elderly Are Mistreated

By Society. In K. Swisher (Ed.), *The Elderly: Opposing Viewpoints* (p. 22). San Diego, CA: Greenhaven Press.

National Center on Elder Abuse, (n.d.). *What is Elder Abuse?* Retrieved from http:// www.interinc.com/NCEA/Elder-Abuse.

Nuland, S. B. (2007). *The Art of Aging*. New York, NY: Random House.

Nussbaum, M. (2006). *Frontiers of Justice: Disability, Nationality, Species Membership*. Cambridge, MA: Harvard University Press.

Older Americans Act (2010). Retrieved from http://www.aoa.gov/AoARoot/AoA_Programs/OAA/index.aspx.

Pampel, F. C. (2008). *Rights of The Elderly*. New York, NY: Facts On File/Infobase Publishing.

Rancho Senior Center, City of Irvine (n.d.). Retrieved from

http://www.cityofirvine.org/cityhall/cs/commparks/cparks/cparks_rancho.asp

Rubin, L. B. (2007). *60 on Up*. Boston, MA: Beacon Press.

Senior Services of America (2011). *Mission Statement*. Retrieved from http://www.seniorservicesofamerica.com/q_a.htm.

Snowdon, D. (2001). *Aging with Grace*. New York, NY: Bantam Books.

Smith, P. (1995). *Old Age Is Another Country*. Freedom, CA: The Crossing Press.

Tibballs, G. (2008). *The Seniors' Survival Guide: New Tricks for Old Dogs*. London: Michael O'Mara Books Limited.

中文資料

台灣人權促進會（2010）。《人權小撇步》。

行政院研究發展考核委員會（2003）。《2002年國家人權報告》。

邱晃泉（2010）。〈《公民與政治權利國際公約》與《經濟、社會與文化權利國際公約》及其批准與施行的背景〉。三月號：6-11。

馬英九（2009）。〈「人權大步走種子培訓營」開幕式致詞〉。《馬英九總統98年言論選集》。台北：行政院新聞局。

陳宗韓、劉振仁（1992）。《人權與民主》。台北：高立圖書有限公司。

活出魅力‧談老人人權

作　　者／景鈺雲
出 版 者／揚智文化事業股份有限公司
發 行 人／葉忠賢
地　　址／22204 新北市深坑區北深路三段 260 號 8 樓
電　　話／(02)8662-6826
傳　　真／(02)2664-7633
網　　址／http://www.ycrc.com.tw
　E-mail　／service@ycrc.com.tw
印　　刷／鼎易印刷事業股份有限公司
　I S B N　／978-986-298-027-9
初版一刷／2012 年 1 月
定　　價／新台幣 250 元

國家圖書館出版品預行編目（CIP）資料

活出魅力‧談老人人權／景鈺雲著. -- 初版. --
新北市：揚智文化, 2012.01
面；　公分

ISBN 978-986-298-027-9(平裝)

1.老人　2.人權

544.8　　　　　　　　　　　　　　100026779